ロシア極東 ウラジオストック

澤田 軍治郎

金壽堂出版

JN121282

ロシア極東ウラジオストック

目　次

はじめに

　旧ソヴェト社会・ロシア社会研究者として拙著を今の時期に世に出す意味はどこにあるのだろうか。筆者は常にソヴェト社会やロシア社会における格差に注目してきた。第一に、旧ソ連時代にはロシア共和国と他の14民族共和国との格差。第二に、ロシア社会ではモスクワやサンクトペテルブルクなど欧州中央部と極東との格差に注目してきた。その意味において、次の二つの格差を検討したい。

1）ロシアとウクライナとの格差

　ロシアによるウクライナ侵攻が始まってちょうど10カ月経った。2022年2月24日の侵攻当日にロシアのプーチン大統領はテレビで演説し、特別軍事作戦の目的・動機はウクライナの東南部3州のロシア住民がネオナチ勢力によって集団虐殺されているのを今すぐにやめさせることであると言明した。

　しかし、特別軍事作戦と称するウクライナ侵攻の最初の標的は、ウクライナ東南部ではなく、古代国家キエフ・ルーシの首都キエフ（現キーウ）であった。キエフ・ルーシは9世紀中頃に東スラヴ族、他の諸族を糾合してドニエプル川中流域に形成された部族統合体である。（ただし、

キエフ市は1169年にウラジーミル公国軍によって破壊された。）リユーリク朝（862～1598）～ロマノフ朝（1613～1917）の間に領土は南へ東へと拡大し、モスクワを頂点とする格差も拡大してきた。

2）ウラジオストック

　モスクワの領土拡大の勢いは止まるところを知らずついに太平洋岸に到達する。1860年12月にロシア海軍の3大隊が駐屯を始め、ウラジオストックの建設が進められた。以来162年間、ある時は軍港の街を、またある時は商港の街を演じながらウラジオストックは今日まで存続してきた。モスクワの政策の意のままに操られてきたことによりロシア欧州地域との格差は拡大してきた。

　本書の内容は、二つの章を除いて、すでに発表済みの論文から成っている。

2022年12月24日

澤田　軍治郎

第1章

ウラジオストックはどのような都市か

1. 黎明期のウラジオストック

　ウラジオストックの歴史は1860年に始まる。同年6月20日にコマロフ陸軍准尉率いる将校2名と兵士 28名が金かく湾岸に、翌6月21日にチェルカフスキー大尉率いる兵士 70名がポシイト湾岸に駐屯した[1]。監視所設置の1年目である1860年12月に200人以上がウラジオストックで越冬した[2]。1861年10月30日にニコラエフスク・ナ・アムーレから『日本人』という名の軍事輸送船が接岸した。雑多な積荷と第3級の商人ヤ・エル・セミョーノフが輸送されてきた。セミョーノフは最初の民間人住民となった[3]。1870年3月27日に町の有力者30名が集まり、彼は会議で初代町長に選ばれた[4]。

2. 軍港都市としてのウラジオストック

　1873年2月1日にシベリア艦隊水路部がウラジオストックへ移設され、ウラジオストックの軍事輸送力が強化された。オデッサ―ウラジオストック間の航路を利用したのは、兵士が17万5千人、移住者が5万7千人、旅客が2万9千人、流刑囚が2万8千人など合計して28万9千人に上った[5]。

　ロシア海軍の司令部設営地点としてウラジオストックを使用することを決定されたのは、極東で起こりうる重要な軍事行動が予見されていたからである。1901年にロシア帝国は近い将来に予想される日露戦争に具えてウラジオストックに司令基地を設定したのである[6]。

　海軍将校養成のためにウラジオストックに1937年10月に海軍士官学校が開校した[7]。極東海軍は21万総トン42雙の船団に増強され、海軍省内で最大の船団となった。1966－1967年の2年間で船団は31%増強され、港内でのその活動量（トン・キロメートルで表示）は41%も増加した[8]。

　このように軍備増強を続けていたソ連は連邦崩壊後180度転回した。

　米ソ対立の冷戦時代が終わり、1992年からは兵力削減の時代になった。

　ロシア海軍のグロモフ総司令官によると、海軍の兵力削減が1992年に始まり、同年に45万2千人だった兵力は1997年現在では22万7千人になっている[9]。

　冷戦後、極東では76雙の原潜が退役したが、多くが強い放射能を持つ核燃料を積んだまま岸壁に係留されていた[10]。財政難のロシアでは原

港を解体できず、アメリカや日本の資金援助に頼っていた。

3. 商港都市としてのウラジオストック

　1880年8月現在ウラジオストックには300以上の商業企業があり、その総取引高は4000万ルーブルに達していたが、そのうち60％は外国企業が占有していた[11]。このことから貿易港としてのウラジオストック港の役割は大きかったといえる。

　三菱海運が1886年4月29日に長崎—ウラジオストック間の定期貨客船航路を開設した[12]。これにより日本とウラジオストック間で人や物の往来が盛んになったと思われる。日本郵船も1890年に神戸—ウラジオス

表1　港の年間入港船数

調査年	商船数	外国船数
1865	9	
1871	24	
1875	51	
1880	71	56
1884	70	43
1890	115	87
1896	267	189
1901	429	221
1905	206	133
1909	545	111
1915	731	454

トック間に航路を開設した[13]。これで日本とウラジオストック間の貿易や交流がいっそう盛んになった。

　表1によれば、ウラジオストック港に入港する商船数は、日露戦争の2年間を除けば、1865年から1915年まで急速に増え続けていた[14]。その意味でこの時代は、ウラジオストックが商港都市であった時代といえよう。

　ペレストロイカからソ連邦崩壊を経て太平洋艦隊の縮小となり、ウラジオストックは日本の中古車を輸入する商港都市に戻った。

注
(1)　引用文献1、P. 14
(2)　同上書、P. 17
(3)　同上書、P. 19
(4)　同上書、P. 23
(5)　同上書、P. 24
(6)　同上書、P. 51
(7)　同上書、P. 122
(8)　同上書、P. 146
(9)　文献2、1997年7月24日付朝日新聞朝刊 P. 9
(10)　文献2、2005年1月11日付夕刊 P. 1
(11)　引用文献1、P. 29
(12)　同上書、P. 35
(13)　同上書、P. 37
(14)　同上書、PP. 22〜66

引用文献
①　ВЛАДИВОСТОК ШТРИХИ К ПОРТРЕТУ ВЛАДИВОСТОК ДАЛЬНЕВОСТОЧНОЕ КНИЖНОЕ ИЗДАТЕЛЬСТВО 1985

②　朝日新聞記事データベース　聞蔵 II ビジュアル1986年8月1日〜2019年9月22日

③　ИТОГИ ВСЕСОЮЗОЙ ПЕРЕПИСИ НАСЕЛЕНИЯ 1959 ГОДА

④　ИТОГИ ВСЕСОЮЗОЙ ПЕРЕПИСИ НАСЕЛЕНИЯ 1970 ГОДА

⑤　ИТОГИ ВСЕРОССИЙСКОЙ ПЕРЕПИСИ НАСЕЛЕНИЯ 2002 ГОДА

⑥　ИТОГИ ВСЕРОССИЙСКОЙ ПЕРЕПИСИ НАСЕЛЕНИЯ 2010 ГОДА

第2章

日本とロシアにおける結婚と出産

1. 人口減少社会

表1　人口増減の国または地域数（2000～2003年）

	増加国	減少国	不　明	合　計
アフリカ	17	0	39	56
北アメリカ	22	3	12	37
南アメリカ	10	0	4	14
ア ジ ア	30	2	18	50
ヨーロッパ	28	13	8	49
オセアニア	8	0	17	25
合　　計	115	18	98	231

資料：
United Nations,Statistical Yearbook vol.50,2005.
（国際連合編、世界統計年鑑 第50版、2005年、日本語版、表8〔37～50頁〕）
より作成。

　表1によれば、世界の国または地域（　以下では国という）のなかで
2003年現在人口が増加しているのは115国であり、減少しているのは
18国である。人口が減少している国はヨーロッパで13国、アジアで2国、

表2　世界の人口減少国（2003年現在）

国または地域	最新のセンサス	
	年 月 日	人口（人）
①バーミューダ	2000.5.20	62,059
②和蘭領アンチル諸島	2001.1.29	175,653
③トリニダードトバゴ	2000.5.15	1,262,366
④アルメニア	2001.10.10	3,002,594
⑤グルジア	2002.1.17	4,371,535
⑥ベラルーシ	1999.2.16	10,045,237
⑦ブルガリア	2001.3.1	7,928,901
⑧チェコ	2001.3.1	10,230,060
⑨エストニア	2000.3.31	1,370,052
⑩イタリア	2001.10.21	57,110,144
⑪ラトビア	2000.3.31	2,377,383
⑫リトアニア	2001.4.6	3,483,972
⑬ポーランド	2002.5.20	38,230,080
⑭モルドバ	1989.1.12	4,337,592
⑮ルーマニア	2002.3.18	21,680,974
⑯ロシア	2002.10.9	145,537,200
⑰スロバキア	2001.5.25	5,379,455
⑱ウクライナ	2001.12.5	48,457,102

資料：
United Nations,Statistical Yearbook vol.50,2005.（国際連合編、世界統計年鑑　第50版、

北アメリカで3国である。

　世界の人口減少国は、表2の18国である。18国のうち9国が、旧ソ連を構成していた共和国であった。アルメニア・グルジア（以上の2国が、

年央推計値（千人）		年増加率（%）
2000	2003	2000～2003
63	62	−0.4
179	179	−0.1
1,290	1,282	−0.2
3,221	3,211	−0.1
4,418	4,329	−0.7
10,005	9,874	−0.4
8,170	7,824	−1.4
10,273	10,202	−0.2
1,370	1,354	−0.4
57,762	57,605	−0.1
2,373	2,325	−0.7
3,500	3,454	−0.4
38,256	38,195	−0.1
3,639	3,613	−0.2
22,435	21,734	−1.1
146,597	144,566	−0.5
5,401	5,379	−0.1
48,889	47,633	−0.9

2005年、日本語版、表8〔37頁～50頁〕）より作成。

表3 日本とロシアの人口の推移（単位：日本は人、ロシアは100人）

年次	日本(1)	ロシア(2)
1970	103,521,912	1,299,412
1975	110,948,837	1,336,339
1980	116,194,898	1,381,266
1985	120,007,812	1,425,390
1990	122,744,952	1,476,651
1991	123,156,678	1,482,737
1992	123,587,297	1,485,147
1993	123,957,458	1,485,617
1994	124,322,801	1,483,559
1995	124,655,498	1,484,599
2000	126,071,305	1,468,901
2001	126,284,805	1,463,036
2002	126,478,672	1,456,493
2003	126,688,364	1,449,636
2004	126,824,166	1,441,682
2005	127,058,530	1,434,742
2006	127,055,025	1,427,535

資料：

❶国土地理協会、住民基本台帳人口要覧（平成19年版）、8頁。

❷ ДЕМОГРАФИЧЕСКИЙ ЕЖЕГОДНИК РОССИИ,2006,c.20,1-2. ЧИСЛЕННОСТЬ НАСЕЛЕНИЯ НА 1 ЯНВАРЯ.（ロシア人口年鑑、2006年、20頁、1－2表、各年1月1日現在の人口）。

表1におけるアジアの人口減少国である）・ベラルーシ・エストニア・ラトビア・リトアニア・モルドバ・ロシア・ウクライナの諸国がそれである。また、東欧の5国でも人口が減少している。ブルガリア・チェコ・ポーランド・ルーマニア・スロバキアの諸国がそれである。

　1985年にソ連共産党書記長となったゴルバチョフ（М.С.Горбачев、1931～2022）は、ペレストロイカ（社会の建て直し）政策を行った。それを端緒として、旧ソ連と東欧諸国では、中央計画経済から市場経済への移行が進行した。1980年代後半から1990年代前半の旧ソ連と東欧諸国では、経済生産の落ち込みが大きかった。これら諸国の失業率は増大し、かつては就業率の高かった女性の失業者が増大した。

　西側先進国としては、イタリアのみが人口減少国であった。バーミューダ・オランダ領アンチル諸島・トリニダードトバゴは、中部アメリカの島嶼であり、人口は極めて少ない。

　表3によれば、2006年3月31日現在の日本の人口は1億2,705万5,025人で、2005年3月31日現在の人口（1億2,705万8,530人）に比べると、3,505人減少した。太平洋戦争の敗戦直後の人口減少を除けば、日本が初めて経験した人口減少である。

　同じく表3によれば、1994年1月1日現在のロシアの人口は1億4,835万5,900人で、1993年1月1日現在の人口（1億4,856万1,700人）に比べ、20万5,800人減少した。第二次大戦直後の人口減少を除けば、ロシアが初めて経験した人口減少である。1995年1月1日に一時的に10万4,000人増加した以外は、ロシアの人口は減少し続けている。

2. 総人口

　国勢調査は、日本では1920年以来、1945年の敗戦の年を除いて、5年ごとに10月1日に実施されてきた。他方、ロシア（帝政ロシア・旧ソ連・ソ連崩壊後のロシア連邦）では、国勢調査は帝政時代の1897 年の第1回調査以来8回実施されてきたが、調査年は定期的ではなかった。そのため本稿では、現在から溯って5回分のロシア側の国勢調査とその直

表4　総　人　口

日　　　　本			
国勢調査の調査年	人　　口		
	人口（人）	指　数	対前回増加率
1960 (1)	93,418,501	100	—
1970 (2)	103,720,060	111	11
1980 (3)	117,060,396	125	12.6
1990 (4)	123,611,167	132	5.6
2000 (5)	126,925,843	136	3
ロ　シ　ア			
国勢調査の調査年	人　　口		
	人口（人）	指　数	対前回増加率
1959 (6)	117,534,315	100	—
1970 (7)	130,079,210	111	10.6
1979 (8)	137,079,210	117	5.4
1989 (9)	147,021,869	125	6.8
2002 (10)	145,166,731	124	−1.3

※指数は、日本の1960年の人口とロシアの1959年の人口を各々100とした。
資料：
❶昭和35年（1960年）国勢調査報告、第1巻、30頁、第1表。
❷昭和45年（1970年）国勢調査報告、第1巻、2頁、第1表。
❸昭和55年（1980年）国勢調査報告、第1巻、2頁、第1表。
❹平成2年（1990年）国勢調査報告、第1巻、2頁、第1表。
❺平成12年（2000年）国勢調査報告、第1巻、2頁、第1表。
❻ ЦЕНТРАЛЬНОЕ СТАТИСТИЧЕСКОЕ УПРАВЛНИЕ при СОВЕТЕ МИНИСТРОВ СССР,ИТОГИ ВСЕСОЮЗНОЙ ПЕРЕПИСИ НАСЕЛЕНИЯ 1959 года РСФСР,МОСКВА,1963. (ソ連閣僚会議附属中央統計局、1959年　全連邦国勢調査報告、モスクワ、1963年)。(以下では、「1959年ソ連国勢調査報告」と表記する)。
❼ ЦЕНТРАЛЬНОЕ СТАТИСТИЧЕСКОЕ УПРАВЛНИЕ при СОВЕТЕ МИНИСТРОВ СССР,ИТОГИ ВСЕСОЮЗНОЙ ПЕРЕПИСИ НАСЕЛЕНИЯ 1970 года РСФСР, МОСКВА,1972. (ソ連閣僚会議附属中央統計局、1970年全連邦国勢調査報告、モスクワ、1972年)。(以下では、「1970年ソ連国勢調査報告」と表記する)。
❽ ЦЕНТРАЛЬНОЕ СТАТИСТИЧЕСКОЕ УПРАВЛНИЕ при СОВЕТЕ МИНИСТРОВ СССР,ИТОГИ ВСЕСОЮЗНОЙ ПЕРЕПИСИ НАСЕЛЕНИЯ 1979 года РСФСР, МОСКВА,1989.(ソ連閣僚会議附属中央統計局、1979年　全連邦国勢調査報告、モスクワ、1989年。) (以下では、「1979年ソ連国勢調査報告」と表記する)。
❾ ЦЕНТРАЛЬНОЕ СТАТИСТИЧЕСКОЕ УПРАВЛНИЕ при СОВЕТЕ МИНИСТРОВ СССР,ИТОГИ ВСЕСОЮЗНОЙ ПЕРЕПИСИ НАСЕЛЕНИЯ 1989 года РСФСР, Minneapolis EAST VIEW PUBLICATIONS,1992.
(ソ連閣僚会議附属中央統計局、1989年　全連邦国勢調査報告、ミネアポリス、1992年)。(以下では、「1989年ソ連国勢調査報告」と表記する)。
❿ РОССИЙСКАЯ ФЕДЕРАЦИЯ,ФЕДЕРАЛЬНАЯ СЛУЖБА ГОСУДАРСТВЕННОЙ СТАТИСТИКИ,ИТОГИ ВСЕРОССИЙСКОЙ ПЕРЕПИСИ НАСЕЛЕНИЯ 2002 года,МОСКВА,2004. (ロシア連邦、連邦国家統計局、2002年　全ロシア国勢調査報告、モスクワ、2004年)。(以下では、「2002年ロシア国勢調査報告」と表記する)。

近の日本の国勢調査とを比較することにした。

　表4によれば、1960年代の両国の人口増加率は、ともに約11％と等しかった。1970年から10年間の人口増加率は、ロシア（5.4％）よりも日本（12.6％）がはるかに高かった。1980年（ロシアでは1979年）からの10年間は、ロシア（6.8％）のほうが日本（5.6％）よりも人口増加率が高かった。1989年からの13年間にはロシアで人口が減少し、日本でも対前回人口増加率がこれまでの最低（3.0％）となった。

　次節からは、日本とロシアにおける人口減少の原因を探るために、三つの指標を検討することとする。出産年齢人口・有配偶率・出産希望子供数がそれである。

3. 出産年齢人口

　表5によれば、合計特殊出生率（一人の女性が一生の間に産む子供の数）は日本の1.29（2004年）に対し、ロシアは1.16（1999年）と低い。母の5歳階級年齢層別に見ると、24歳以下ではロシア女性の出産率が高く、25歳以上では日本のほうが高い。20～24歳では日本（37.4）に比べて、ロシア（92.6）は極めて高い比率となっている。25～29歳では、日本女性の出産率（88.6）がロシア（64.9）よりかなり高い。30～34歳の母の場合は、日本（87.5）とロシア（32.5）の差はいっそう大きくなる。その他すべての5歳階級年齢層を比較してみると、日本女性の出産年齢はロシア女性よりも5歳高いことが分かる。すなわち、日本はロシアよりも晩婚化が進行しているといえる。

　時代的背景を両国で共通にするために、ここでは25～29歳の女性を出産年齢人口と仮定して表6により、国勢調査の調査年ごとの推移を見

表5　母の年齢別出生率（1,000人当たり）

	日　　本	ロ　シ　ア
年　　次	2004	1999
合計特殊出生率	1.29	1.16
19歳以下	5.7	29.3
20～24歳	37.4	92.6
25・29歳	88.6	64.9
30～34歳	87.5	32.5
35～39歳	35.7	11.2
40～44歳	4.9	2.2
45歳以上	0.1	0.1

ることにする。この年齢層の女性の出産率は、日本（88.6）がロシア（64.9）よりもかなり高い。

　1960年現在25～29歳の日本女性は、1931～1935年生まれである。1959年現在25～29歳のロシア女性は、1930～1934年生まれである。この世代を第一世代と名づける。

　1970年現在25～29歳の女性は、1941～1945年生まれである。第二次世界大戦の最中に生まれたこの世代（ 第二世代と名づける）は、日本とロシアで対照的な姿を見せている。第二世代の日本女性は第一世代よりも45万人増加した。これに対して、第二世代のロシア女性は第一世代よりも約177万人も減少した。この世代の親となる筈であった世代が、第二次世界大戦で多大の人的損失を被ったからである[1]。この世代の女性人口は、日本（約457万人）がロシア（約357万人）を約100万人上回っている。

表6　25〜29歳の女性人口

日　　　本		ロ　シ　ア	
国勢調査実施年	人口（人）	国勢調査実施年	人口（人）
1960 (1)	4,126,200	1959 (6)	5,339,868
1970 (2)	4,571,868	1970 (7)	3,565,597
1980 (3)	4,495,887	1979 (8)	5,873,390
1990 (4)	3,992,244	1989 (9)	6,183,633
2000 (5)	4,825,032	2002 (10)	5,298,826

資料：
❶昭和35年（1960年）国勢調査報告、第1巻、67頁、第3表。
❷昭和45年（1970年）国勢調査報告、第1巻、56頁、第4表。
❸昭和55年（1980年）国勢調査報告、第1巻、60頁、第4表。
❹平成2年（1990年）国勢調査報告、第1巻、46頁、第5表。
❺平成12年（2000年）国勢調査報告、第1巻、98頁、第5表。
❻1959年ソ連国勢調査報告、60頁、表13。
❼1970年ソ連国勢調査報告、第2巻、16頁、表3。
❽1979年ソ連国勢調査報告、第2巻、38頁、表3。
❾1989年ソ連国勢調査報告、第2巻、第1部、24頁、表2。
❿2002年ロシア国勢調査報告、第2巻、15頁、表2。

　1980年現在25〜29歳の日本女性は、1951〜1955年生まれである。1979年現在25〜29歳のロシア女性は、1950〜1954年生まれである。この第三世代もまた、日本とロシアで対照的な姿を見せている。ただし、日本の第三世代は戦後のベビーブームが去った後に生まれた「ポスト団塊の世代」であり、第二世代よりも約8万人減少した。これに対して、ロシアでは第三世代の女性は約230万人増加した。いわばロシア版「団塊の世代」が日本より10年遅れて現れたといえる。ここにも第二次世界大戦が、日本とロシアの人口に与えた影響の名残が見られる。

　1990年現在25～29歳の日本女性は、1961～1965年生まれである。1989年現在25～29歳のロシア女性は、1960～1964年生まれである。第四世代の日本女性は、第三世代よりも約50万人減少した。第四世代のロシア女性は、第三世代よりも約31万人増加した。

　2000年現在25～29歳の日本女性は、1971～1975年生まれである。2002年現在25～29歳のロシア女性は、1973～1977年生まれである。この第五世代の日本女性は、第四世代よりも約83万人増加した。「団塊の世代」の子供にあたる「団塊ジュニア」の世代といえる。第五世代のロシア女性は、第四世代よりも約88万人減少した。

　以上のことから、出産年齢人口としての25～29歳の女性人口に関しては、日本の場合は1970年（第二世代）に第一の山があり、2000年（第五世代）に第二の山がある。ロシアの場合は、1959年（第一世代）に第一の山があり、1979年（第三世代）から1989年（第四世代）までは高原状を呈している。両国を通じていえることは、20～30年の周期で出産年齢人口の増減が繰り返されるということである。

4.　女性の有配偶率

　前述のように、25～29歳と30～34歳の日本女性および20～24歳と25～29歳のロシア女性による出産が最も多いので、これらの年齢層の有配偶率を、次に検討する。

　表7によれば、20～24歳のロシア女性の有配偶率は1959年の47.9％から1990年の61.8％まで年々上昇し、早婚の傾向が著しかった。しかし、2000年には有配偶率が42.3％にまで低下し、晩婚化の傾向が現れ始めた。出産率の高いこの年齢層の有配偶率の低下から、将来の

表7 20〜39歳女性の有配偶率（%）

日　　　　本				
調査年	20〜24歳	25〜29歳	30〜34歳	35〜39歳
1960	31.1	76.8	85.9	85.6
1970	27.7	80.4	90.0	87.3
1980	21.9	74.5	88.0	90.2
1990	13.7	57.5	82.7	87.3
2000	11.3	43.5	68.9	79.2

ロ　　シ　　ア				
調査年	20〜24歳	25〜29歳	30〜34歳	35〜39歳
1959	47.9	75.2	76.8	71.1
1970	53.6	81.9	84.8	83.4
1979	59.5	79.3	81.7	81.0
1989	61.8	79.8	82.2	80.4
2002	42.3	65.4	70.6	72.4

資料：
❶昭和35年（1960年）国勢調査報告、第1巻、67頁、第3表。
❷昭和45年（1970年）国勢調査報告、第1巻、56頁、第4表。
❸昭和55年（1980年）国勢調査報告、第1巻、60頁、第4表。
❹平成2年（1990年）国勢調査報告、第1巻、46頁、第5表。
❺平成12年（2000年）国勢調査報告、第1巻、98頁、第5表。
❻1959年ソ連国勢調査報告、60頁、表13。
❼1970年ソ連国勢調査報告、第2巻、16頁、表3。
❽1979年ソ連国勢調査報告、第2巻、38頁、表3。
❾1989年ソ連国勢調査報告、第2巻、第1部、24頁、表2。
❿2002年ロシア国勢調査報告、第2巻、15頁、表2。

少子化を予測できる。

　25〜29歳の日本女性の有配偶率は、1960年から1980年まで70〜80%の高率に達していた。しかし、1990年に有配偶率は急速に低下し、2000年には43.5%にまで低下した。出産率の高いこの年齢層の有配偶率の低下は、1990年以降の少子化を予測させる。

　25〜29歳のロシア女性の有配偶率は、1960年から1989年まで約80%を維持していた。しかし、2002年になるとこの割合は約65%にまで低下した。ここにもまた、ロシア女性のさらなる晩婚化が現れている。

　30〜34歳の日本女性の有配偶率は、結婚する女性はほぼこの年齢までに結婚したことを示す数字である。ただし、2000年には更なる晩婚化が進んでいる。有配偶率は30〜34歳の68.9%から35〜39歳の79.2%に上昇した。

　上記以外のすべての年齢層において、日本でもロシアでも有配偶率の低下は進行している。20歳代の有配偶率の低下は、ロシアよりも日本においてよりいっそう著しい。

5. 出産希望子供数

　表8によれば、ロシアでは、現在子供を持たない夫婦でも子供は1人しか産まないと考えている夫婦が最も多い（46.0%）。次いで2人の子供を産みたいと考えている夫婦が多く（41.8%）、3人目を欲しがっている夫婦はほとんどいない。

　現在1人の子供を持つ夫婦はあと1人の子供を望む夫婦が最も多い（53.1%）。次いで、もう子供は産まないという夫婦が多く（32.4%）、3人目を欲しがっている夫婦は少ない。既に2人ないし3人の子供を持つ

表8 現在の子供数と欲しい子供数（ロシア）（%）

現在の子供数＼産みたい子供数	0	1	2	3〜
0	7.5	46.0	41.8	4.7
1	32.4	53.1	13.0	1.2
2	73.6	19.6	4.2	1.5
3〜	79.5	10.7	5.4	2.7
全家族	33.6	46.9	17.2	1.9

調査対象は夫婦とも30歳以下の家族14,000組。1992年調査。
資料：
ГОСКОМСТАТ РОССИИ,РОССИЙСКАЯ ФЕДЕРАЦИЯ в 1992 году,МОСКВА,1993,
стр.106.
（ロシア国家統計委員会、1992年のロシア連邦、モスクワ、106頁、1993年）。

夫婦は、これ以上子供を持ちたくない思っている夫婦が7割以上に達している。

　結局のところ、子供は2人までという夫婦が多く、3人目を産もうという夫婦は少ない。

　同じ1992年に日本でも同様の調査が行われている。それは厚生省人口問題研究所が実施した第10回出生動向基本調査（副題：結婚と出産に関する全国調査）である[2]（表9参照）。

　本章で分析対象としている20〜39歳に関する部分を引用すれば、「調査時点における妻の年齢別・生存子供数別に平均追加予定子供数を比較すると、若いうちに子供を多く持つほど予定子供数（生存子供数＋追加予定子供数）も多くなる（したがって完結出生児数も多くなると予想される）。子供が3人以上いる場合には妻の年齢いかんにかかわら

表9 妻の年齢別、生存子供数別平均追加予定子供数（日本）

妻の年齢	生 存 子 供 数						
	総 数	0 人	1 人	2 人	3 人	4 人	5人以上
25歳未満	1.78人	2.18	1.22	0.55	＊	―	―
25～29歳	1.13	2.00	1.11	0.39	0.05	＊	＊
30～34歳	0.47	1.54	0.89	0.19	0.02	＊	＊
35～39歳	0.14	0.80	0.37	0.04	0.01	0.05	＊
40～44歳	0.03	0.12	0.06	0.00	0.00	0.02	＊
45～49歳	0.00	0.02	0.00	0.00	0.00	0.00	＊

注：
＊は標本数が20未満、―は標本数ゼロ
資料：
阿藤誠・高橋重郷・中野英子・渡邊吉利・児島宏・金子隆一、結婚と出産の動向 ―第10回出生動向基本調査（夫婦調査）の結果から―、人口問題研究（J.of Population Problems）49－3（1993.10）、厚生省人口問題研究所、20頁、表29。

ず追加出生予定はごくわずかである。子供が2人いる場合には35歳を過ぎると追加出生予定はほとんど無くなる[3]」すなわち、出産希望子供数は2人強という点で、日本とロシアは共通している。

6. おわりに……出産年齢人口・有配偶率と出生率との関連

日本では1977年から1992年にかけて、「全体の半数以上の夫婦が2人以上の子供を持ち、4分の1ほどの夫婦が3人の子供を持つという構図は変化していない[4]」このように、夫婦の出産希望子供数も実際の出

生児数も2人強で一定しているので、出生率低下の原因は他に求めざるを得ない。

　1970〜1975年の出生率は日本（19.9）がロシア（15.3）よりも高かった。両国とも有配偶率は高かった（表7参照）。しかし、出産年齢に達していた「団塊ジュニアの世代」の日本女性は、ロシアの同世代より100万人多かった（表6参照）ために、日本の出生率がロシアを上回ることになったのである。

　1980〜1985年の出生率は、10年前とは逆に、ロシア（16.6）が日本（12.9）を上回っている。ロシアの出産年齢層に達した女性は、日本より約140万人も多かった（表6参照）。有配偶率はロシアでは依然として高かったが、日本では低下し始め、晩婚化の兆しが現れてきた（表7参照）。

　1990〜1995年の出生率は、日本でもロシアでも低下したが、低下の度合いはロシアが著しい。日本では出産年齢人口が激減し（表6参照）、有配偶率も大幅に低下した（表7参照）。ロシアにおける出生率の低下は、前述の社会的・経済的不安定化の極まった1990年代に入ってから始まった。1989年調査の段階ではロシアにおける有配偶率の低下はまだ始まっていなかった（表7参照）。

　2000〜2005年の出生率は、日本でもロシアでも10年前に続いて低下した。日本では出産年齢人口は増加したものの、それを上回って有配偶率が著しく減少したために、出生率の低下をもたらした。ロシアでは、出産年齢人口も有配偶率もともに減少して、出生率の低下をもたらした。

　2010〜2015年の出生率は、ロシアに関して筆者がかつて予測したように[5]、上昇するものと思われる。その理由は、第三世代や第四世代の出産年齢層は人口が多く（表6参照）、この年齢層の女性から生まれ

た女性がこの時期に母となるからである。これとは反対に、日本ではこ
れらの世代の出産年齢層の人口は少なく、その女性たちから生まれた女
性たちもまた少ないと予想できる。

表10　出生率の推移（単位：1,000人当たり）

	1970 〜75	1980 〜85	1990 〜95	2000 05	2010 15
日　本	19.9	12.9	9.7	9.2	8.5
ロシア	15.3	16.6	10.6	10.1	11.0

注

(1)　「第2次世界大戦中の（ソ連国民全体の）人的損失総数は2,660万
　　人以上であり、ソ連軍の戦死者は1,140万人であった。」（БОЛЬШАЯ
　　РОССИЙСКАЯ ЭНЦИКЛОПЕДИЯ РОССИЯ,МОСКВА,2004,стр.386-387
　　（『ロシア大百科事典 ロシア』、モスクワ、386－387頁、2004年）。

(2)　阿藤誠・高橋重郷・中野英子・渡邊吉利・児島宏・金子隆一、結婚
　　と出産の動向──第10回出生動向基本調査（夫婦調査）の結果から──、
　　人口問題研究（J.of Population Problems）49－3（1993.10）、厚生省
　　人口問題研究所、20頁、表29。

(3)　同上、20頁。

(4)　同上、10頁。

(5)　澤田軍治郎、『ロシア社会論集』、金壽堂出版、204頁、2005年。

第3章

日本とロシアにおける人口の社会増加

1. 人口の推移

①日 本

　表1によれば[1]、日本の人口は対前年の年間増加率が1990年以降0.3%、0.2%、0.1%、0.0%と徐々に低下してきた。2006年の対前年増加率は表2では0.0である。しかし、実数では、2006年現在人口は1億2,705万5,025人で、前年の人口（1億2,705万8,530人）に比べると、3,505人減少した。2007年現在の人口は1億2,705万3,471人で、前年に比べると、1,554人減少した。このように、2年連続して人口が減少し、日本は人口減少国の仲間入りをしたかに見えた。しかし、2008年現在の日本の人口は、前年に比べて1万2,707人増加し、1億2,706万6,178人となった。これは住民基本台帳制度が発足した1967年以降の最多人数である。

ロシア極東ウラジオストック

表1　日本とロシアの人口の推移（単位：人　指数は1990年を100.0とする）

年次	日本		ロシア	
	人口	指数	人口	指数
1990	122,744,952	100.0	147,665,100	100.0
1991	123,156,678	100.3	148,273,700	100.4
1992	123,587,297	100.7	148,514,700	100.6
1993	123,957,458	101.0	148,561,700	100.6
1994	124,322,801	101.3	148,355,900	100.5
1995	124,655,498	101.6	148,459,900	100.5
1996	124,914,373	101.8	148,291,600	100.4
1997	125,257,061	102.1	148,028,600	100.3
1998	125,568,035	102.3	147,802,100	100.1
1999	125,860,006	102.5	147,539,400	99.9
2000	126,071,305	102.7	146,890,100	99.5
2001	126,284,805	102.9	146,303,600	99.0
2002	126,478,672	103.0	145,649,300	98.6
2003	126,688,364	103.2	144,963,600	98.2
2004	126,824,166	103.3	144,168,200	97.6
2005	127,058,530	103.5	143,474,200	97.2
2006	127,055,025	103.5	142,753,500	96.7
2007	127,053,471	103.5	142,221,000	96.3
2008	127,066,178	103.5	141,634,100	95.9

資料：

❶国土地理協会、住民基本台帳人口要覧（平成20年版）、8頁。日本の人口は、各年3月31日現在の数字である。

❷ ДЕМОГРАФИЧЕСКИЙ ЕЖЕГОДНИК РОССИИ.2007,с.20,1-2.ЧИС ЛЕННОСТЬ НАСЕЛЕНИЯ НА 1 ЯНВАРЯ.（ロシア人口年鑑、20頁、1－2表、各年1月1日現在の人口、2007年）。

❸2008年のロシアの人口は、次の資料からの引用である。

ПРЕДПОЛОЖИТЕЛЬНАЯ ЧИСЛЕННОСТЬ НАСЕЛЕНИЯ РОССИЙСКОЙ ФЕДЕРАЦИИ ДО 2025 ГОДА, 2006 г.,С.7,1-1 ЧИСЛЕННОСТЬ НАСЕЛЕНИЯ（2025年までのロシア連邦人口予測、7頁、1－1表 人口、2006年）。

②ロシア

　表1によれば、ロシアの人口は1990年には1億4,766万5,100人であった。その後の3年間は人口が増え続け、1993年に1億4,856万1,700人となった。これがロシアの人口の最高到達点である。1994年の人口は1億4,835万5,900人で、前年に比べると、20万5,800人減少した。しかし、1995年には反転し、10万4,000人増加した。1996年以降は、ロシアの人口は減少し続け、2008年（推計）には1億4,163万4,100人となった。この18年間でロシアの人口は603万1,000人、4.1％減少したことになる。

③両国の比較

　1990年にロシアの人口は、日本よりも約2,500万人多く、日本の1.2倍の人口を有していた。18年経った2008年に、両国の人口の差は約1,500万人、1.1倍に縮小した。

　以上のように、ロシアはすでに13年間も人口減少国であり続け、日本は人口減少社会の入口に立っている。人口の変動は、自然増加（出生者数－死亡者数）と社会増加（転入者数－転出者数）によって生ずる。次節では、両国の人口の自然増加を見ることにする。

3. 人口の自然増加数

①日 本

　表2によれば、日本の出生者数は1990年度に約122万人であった。その後、一進一退を繰り返しながら出生者数は漸減し、2005年度には約107万人にまで減少した。死亡者数は、1990年度に約81万人であっ

表2 日本とロシアにおける人口の自然増加（単位：人）

年度	日　　本		
	出生者数	死亡者数	自然増加数
1990	1,215,241	814,016	401,225
1991	1,226,559	836,939	389,620
1992	1,210,365	877,099	333,266
1993	1,197,862	863,509	334,353
1994	1,238,853	915,786	323,067
1995	1,182,216	886,560	295,656
1996	1,208,578	916,539	292,039
1997	1,198,595	913,075	285,520
1998	1,206,956	968,450	238,506
1999	1,187,357	963,490	223,867
2000	1,180,565	943,047	237,518
2001	1,171,320	969,356	201,964
2002	1,151,507	1,007,966	143,541
2003	1,129,239	1,011,187	118,052
2004	1,104,062	1,051,082	52,980
2005	1,065,533	1,072,281	−6,748
2006	1,091,917	1,081,174	10,743
2007	1,096,465	1,125,584	−29,119

資料：

❶財団法人国土地理協会住民基本台帳人口要覧（平成20年版）9頁
　第2表人口増減の要因別内訳の推移、平成20年。

❷ ДЕМОГРАФИЧЕСКИЙ ЕЖЕГОДНИК РОССИИ,2007,с.58,2-1.
　РОДИВШИЕСЯ,УМЕРШИЕ И ЕСТЕСТВЕННЫЙ ПРИРОСТ НАСЕЛЕНИЯ.（ロシア人口
　年鑑、58頁、2-1表、出生者数、死亡者数および自然増加、2007年）。

ロ シ ア		
出生者数	死亡者数	自然増加数
1,988,858	1,655,993	332,865
1,794,626	1,690,657	103,969
1,587,644	1,807,441	−219,797
1,378,983	2,129,339	750,356
1,408,159	2,301,366	−893,207
1,363,806	2,203,811	−840,005
1,304,638	2,082,249	−777,611
1,259,943	2,015,779	−755,836
1,283,292	1,988,744	−705,452
1,214,689	2,144,316	−929,627
1,266,800	2,225,332	−958,532
1,311,604	2,254,856	−943,252
1,396,967	2,332,272	−935,305
1,477,301	2,365,826	−888,525
1,502,477	2,295,402	−792,925
1,457,376	2,303,935	−846,559
1,479,637	2,166,703	−687,066

注：
　日本の統計数字は、各年度末3月31日現在の数字である。したがって、
　例えば表中で2007とあるのは、2008年3月31日のことである。ロシア
　の統計は、各年1月1日現在の数字である。

た。その後、一進一退を繰り返しながら死亡者数は漸増し、2005年度には約107万人にまで増加した。以上のように、出生者数の減少と死亡者数の増加とによって、2005年度には次の数式に示すように自然増加がマイナスになった。すなわち、人口の自然減少という事態に至った。

（出生者数）1,065,533－（死亡者数）1,072,281
　　　　　　　　　　　　＝（自然増加数）－6,748

　2006年度には自然増加にもどったが、2007年度には再び自然減少に陥った。

②ロシア

　ロシアの出生者数は1990年に約199万人であったが、2年後の1992年には約159万人に減少した。死亡者数は、1990年に約166万人であったが、1992年には約181万人に増加した。このような出生者数の減少と死亡者数の増加によって、1992年には次の数式に示すように自然増加がマイナスになった。約22万人という大幅な自然減少となった。

（出生者数）1,587,644－（死亡者数）1,807,441
　　　　　　　　　　　　＝（自然増加数）－219,797

　1990年代を通じて出生者数は減り続け、1999年には約121万人と最少人数を記録した。2000年代に入って出生者数は増加に転じ、2006年には約148万人にまで回復した[2]。死亡者数は、1998年を除いて、1993年以降は常に200万人以上を記録し、出生者数を大幅に上

回り続けている。

③両国の比較

　1990年以降の日本で出生者数が最も多かった1994年（約124万人）と最も少なかった2005年（約107万人）との差は約17万人であった。それに対して、1990年以降のロシアで出生者数が最も多かった1990年（約199万人）と最も少なかった1999年（約121万人）との差は約77万人であった。両国を比較すると、ロシアの出生者数の激減ぶり、あるいは振幅の大きさがが際立っている。

　同一年次の両国の死亡者数を比較すると、ロシアは常に日本の2倍以上に達している。両国とも死亡者数が最も少なかったのは1990年であり、日本は約81万人、ロシアは約166万人であった。それに対して、死亡者数が最も多いのは日本は2006年の約109万人であり、ロシアは2003年の約237万人であった。最多死亡者数と最少死亡者数の差は、日本が27万人で緩やかな増加ぶりであったのに対し、ロシアは71万人で著しい増加ぶりであった。

　ロシアでは1992年に死亡者数が出生者数を約22万人上回る人口の自然減少の状態が現れ、2000年には最多の約96万人の自然減少数を記録した。これに対して、日本では2005年に初めて6,748人の自然減少の状態が現れた。

4．人口の自然増減率

①日　本

　日本の出生率は1990年の10.0から緩やかに下降し、2005年には

表3 日本とロシアにおける人口の自然増加率（人口千人対）

年次	日 本			ロ シ ア		
	出生率	死亡率	自然増加率	出生率	死亡率	自然増加率
1990	10.0	6.7	3.3	13.4	11.2	2.2
1991	9.9	6.7	3.2	12.1	11.4	0.7
1992	9.8	6.9	2.9	10.7	12.2	−1.5
1993	9.6	7.1	2.5	9.4	14.5	−5.1
1994	10.0	7.1	2.9	9.6	15.7	−6.1
1995	9.6	7.4	2.2	9.3	15.0	−5.7
1996	9.7	7.2	2.5	8.9	14.2	−5.3
1997	9.5	7.3	2.2	8.6	13.7	−5.1
1998	9.6	7.5	2.1	8.8	13.6	−4.8
1999	9.4	7.8	1.6	8.3	14.7	−6.4
2000	9.5	7.7	1.8	8.7	15.3	−6.6
2001	9.3	7.7	1.6	9.0	15.6	−6.6
2002	9.2	7.8	1.4	9.7	16.2	−6.5
2003	8.9	8.0	0.9	10.2	16.4	−6.2
2004	8.8	8.2	0.7	10.4	16.0	−5.6
2005	8.4	8.6	−0.2	10.2	16.1	−5.9
2006	8.7	8.6	0.1	10.4	15.2	−4.8

資料：

❶ ДЕМОГРАФИЧЕСКИЙ ЕЖЕГОДНИК РОССИИ,2007,c.59,1-2.ЧИСЛЕННОСТЬ НАСЕЛЕНИЯ НА 1 ЯНВАРЯ.（ロシア人口年鑑、59頁、1−2表、2007年）。

❷厚生労働省大臣官房統計情報部、2006年人口動態統計、表3- 2年次別に見た人口動態総覧、85頁、2008年。

8.4となった。死亡率は1990年の6.7から緩やかに上昇し、2005年には8.6となった。その結果、自然増加率は1990年の3.3から緩やかに下降し、2005年に初めて自然減少を示す－0.2となった。

②ロシア

　ロシアの出生率は1990年の13.4から急激に下降し、1999年には8.3と最低値を示した。その後上昇に転じ、2004年には10.4にまで回復した。死亡率は1990年の11.2から急激に上昇し、2003年には16.4という異常に高い値に達した。その結果、1990年に2.2であった自然増加率が早くも2年後の1992年に－1.5の自然減少となった。2001年には－6.6にまで自然減少の値が高くなったが、2006年には－4.8へとやや回復した。

③両国の比較

　両国の出生率を比較してみると、抜きつ抜かれつの状態である。1990年〜1992年はロシアのほうが、1993年〜2001年は日本のほうが、2003年〜2006年はロシアのほうが、それぞれ出生率が高い。両国の死亡率を比較してみると、常にロシアが日本を約2倍上回っている。

　その結果として、日本は人口の自然減少を2005年に初めて経験したが、ロシアの自然増加率がマイナスになったのは、1992年で、その値は極めて大きい。自然増加率の特徴を一言で表現すれば、日本の「少産少死」型に対し、ロシアは「少産多死」型であるといえる。

表4　人口の社会増加（単位：人）

年度	日　　本		
	転入者数等	転出者数等	社会増加数
1990	6,665,300	6,654,799	10,501
1991	6,740,286	6,699,287	40,999
1992	6,670,287	6,633,392	36,895
1993	6,772,315	6,741,325	30,990
1994	6,828,293	6,818,663	9,630
1995	6,667,544	6,704,325	−36,781
1996	6,859,332	6,808,683	50,649
1997	6,588,615	6,563,161	25,454
1998	6,484,940	6,431,475	53,465
1999	6,415,639	6,428,207	−12,568
2000	6,297,916	6,321,934	−24,018
2001	6,251,986	6,260,083	−8,097
2002	6,292,455	6,226,304	66,151
2003	6,194,717	6,176,967	17,750
2004	5,969,011	5,976,760	−7,749
2005	5,994,760	5,856,271	3,243
2006	5,796,890	5,809,187	−12,297
2007	5,724,911	5,683,085	41,826

資料：

❶財団法人国土地理協会住民基本台帳人口要覧（平成20年版）9頁
第2表人口増減の要因別内訳の推移、平成20年。

❷ Госкомстат России,РОССИЙСКИЙ СТАТИСТИЧЕСКИЙ ЕЖЕГОДНИК,1999,стр.101,
5-30,МЕЖДУНАРОДНАЯ МИГРАЦИЯ（ロシア国家統計委員会、ロシア統計年鑑、101
頁、5−30表、国際移住、1999年）。

❸ Госкомстат России,РОССИЙСКИЙ СТАТИСТИЧЕСКИЙ ЕЖЕГОДНИК,1999,стр.100,
5-30,МЕЖДУНАРОДНАЯ МИГРАЦИЯ（ロシア国家統計委員会、ロシア統計年鑑、100
頁、5−30表、国際移住、1999年）。

ロ シ ア		
流入移住者数	流出移住者数	社会増加数
913,223	729,467	183,756
692,238	675,497	16,741
926,020	673,143	252,877
923,280	483,028	440,252
1,146,735	337,121	809,614
842,050	339,600	502,450
631,592	288,048	343,544
583,260	234,284	348,976
495,304	216,691	278,613
367,197	237,967	129,230
359,330	145,720	213,610
193,450	121,166	72,284
184,612	106,685	77,927
129,144	94,018	35,126
119,157	79,795	39,362
177,230	69,798	107,432
186,380	54,061	132,319

❹ ФЕДЕРАЛЬНАЯ СЛУЖБА ГОСУДАРСТВЕННОЙ СТАТИСТИКИ, РОССИЙСКИЙ СТАТИСТИЧЕСКИЙ ЕЖЕГОДНИК,2007,стр.124-125, 4-31,МЕЖДУНАРОДНАЯ МИГРАЦИЯ（連邦国家統計局、ロシア統計 年鑑、124−125頁、4−31表、国際移住、2007年）。

注：

①日本の場合は、各年度末の3月31日現在における統計数字である。

②日本の転入者数等とは国内および国外からの転入者数を指し、転出者 数等とは国内および国外への転出者数を指す。

5. 人口の社会増加

①日　本

　表4において、日本の転入者数等および転出者数等には国内と国外との両方の移動が含まれている。国内の転入者数と転出者数は相殺されるので、社会増加数は、外国からの移住（以下流入移住）者数と外国への移住（以下流出移住）者数との差を示している。前述のように、日本では人口の自然増加数は減少傾向にある。これに対して、社会増加数は年度によって異なっており、一定の傾向を示してはいない。

　自然増加数が初めてマイナスとなった2005年度は、自然減少数（6,748人）が社会増加数（3,243人）を上回ったために、日本の人口が初めて減少した年度である。2006年度は自然増加（10,743人）はプラスであったものの、それ以上に社会増加（12,297人）のマイナスがあったために、日本の人口は2年連続で減少した。しかし、2007年度は自然増加のマイナスが大きかった（29,119人）にもかかわらず、社会増加数（41,826人）がそれを超えていたために、日本の人口は3年ぶりに増加した。以上のように、この3年間の日本の人口を増減させているのは、社会増加の動向である。

②ロシア

　表4によれば、流入移住者数は1990年に約91万人であった。ソ連崩壊（1991年）前後の1990年代前半は多数の移住者の流入が続き、1994年には約115万人という最多人数に達した。1990年代の後半から流入移住者数は減少の一途をたどり、2004年には約12万人にまで減

少した。しかし、2005年と2006年には再び流入移住者数が増加した。

　流出移住者数は1990年には約73万人であった。流出移住者数はほぼ一貫して減少傾向にあり、2006年には約5万人にまで減少した。

　流出移住者が流入移住者よりも毎年かなり少ないため、両者の差である社会増加数は常にプラスである。社会増加数は1994年に最多の約81万人に達した。1994年に自然増加数がマイナス約89万人と大幅であったにもかかわらず、人口が約21万人の減少にとどまったのは、社会増加のおかげである。これとは反対に、自然増加数が1994年とほぼ同数のマイナス約89万人であった2003年には、社会増加数が僅かに約4万人であったために、人口は約69万人も減少した（表2参照）。その後2004年まで社会増加数はおおむね減少し続けたけれども、2006年から2007年にかけては増加傾向にある。この原因も流入移住者の増加によるものである。

③両国の比較

　日本では社会増加がマイナスの年が6回もある。しかし、ロシアでは社会増加は常にプラスであり、しかもその値は大きい。社会増加の最大値は日本では約6万人である。これに対して、ロシアでは約81万人と桁違いに多い。

　社会増加は、自然減少の著しいロシアでの人口激減に多少ともブレーキをかけ、日本では時に人口を増加させている。

6. 日本における出身地別流入移住者数

　表5は日本における外国人登録者[3]に関する統計であり、流入移住者

表5 主要4箇国の日本における外国人登録者数の推移（単位：人）

	韓国・朝鮮		中　国	
	外国人 登録者数	対前年 増加数	外国人 登録者数	対前年 増加数
1989	681,838	—	137,499	—
1990	687,940	6,102	150,339	12,840
1991	693,050	5,110	171,071	20,732
1992	688,144	−4,906	195,334	24,263
1993	682,276	−5,868	210,138	14,804
1994	676,793	−5,483	218,585	8,447
1995	666,376	−10,417	222,991	4,406
1996	657,159	−9,217	234,264	11,273
1997	645,373	−11,786	252,164	17,900
1998	638,828	−6,545	272,230	20,066
1999	636,548	−2,280	294,201	21,971
2000	635,269	−1,279	335,575	41,374
2001	632,405	−2,864	381,225	45,650
2002	625,422	−6,983	424,282	43,057
2003	613,791	−11,631	462,396	38,114
2004	607,419	−6,372	487,570	25,174
2005	598,687	−8,732	519,561	31,991
2006	598,219	−468	560,741	41,180
1989～ 2006	—	−83,619	—	423,242

資料：
法務省入国管理局編　出入国管理　平成15年版　33頁　表13、平成16年版　33頁　表

ブラジル		フィリピン		主要4箇国を含む全外国	
外国人 登録者数	対前年 増加数	外国人 登録者数	対前年 増加数	外国人 登録者数	対前年 増加数
14,528	—	38,925	—	984,455	—
56,429	41,901	49,092	10,167	1,075,317	90,862
119,333	62,904	61,837	12,745	1,218,891	143,574
147,803	28,470	62,218	381	1,281,644	62,753
154,650	6,847	73,057	10,839	1,320,748	39,104
159,619	4,969	85,968	12,911	1,354,011	33,263
176,440	16,821	74,297	−11,671	1,362,371	8,360
201,795	25,355	84,509	10,212	1,415,136	52,765
233,254	31,459	93,265	8,756	1,482,707	67,571
222,217	−11,037	105,308	12,043	1,512,116	29,409
224,299	2,082	115,685	10,377	1,566,113	53,997
254,394	30,095	144,871	29,186	1,686,444	120,331
265,962	11,568	156,667	11,796	1,778,462	92,018
268,332	2,370	169,359	12,692	1,851,758	73,296
274,700	6,380	185,237	15,878	1,915,030	63,272
286,557	11,857	199,394	14,157	1,973,747	58,717
302,080	15,523	187,261	−12,132	2,011,555	37,808
312,979	10,899	193,488	6,227	2,084,919	73,364
—	298,451	—	154,563	—	1,100,464

13、平成17年版　33頁　表14、平成18年版　31頁　表14および平成19年版　20頁　図12より作成。

そのものを表したものではない。しかし、対前年増加数の推移を読み取ることにより、流入移住者の動向を把握することができる。

　周知のように、韓国・朝鮮人は戦前から日本に居住していた。外国人登録者の増加は1990年と1991年の2年間だけであり、1993年以降は出国・帰化・死亡などの理由により登録者数が減少している。最も流入移住者が多いのは中国人である。1989年から2006年12月末日までの17年間に、流入移住の中国人は約42万人に達する。2番目に多いのはブラジルからの移住者である。1908〜1973年に移民船で日本からブラジルへ渡った約20万人の移民[4]よりもはるかに多い約31万人の日系ブラジル人が、日本へ移住してきた。3番目に多いのがフィリピン人である。特定の年（1992年、1995年、2000年および2005年）を除いて、毎年ほぼ1万人の流入移住者がある。以上の主要4箇国にその他の国々を加えると、1989〜2006年に約110万人の流入移住者があったことがわかる。

7. ロシアにおける移住者数の推移

①流入移住者

　表6は表4を詳しく分析するための資料である。表6のカザフスタン・ウズベキスタン・ウクライナは、いずれも旧ソ連構成共和国である。

　旧ソ連時代に旧カザフ共和国では、共和国全人口の約40％をロシア人が占めていた。1991年のソ連崩壊前後から毎年10万人以上、1994年には約35万人が陸続とロシアへ移住した。21世紀になってからは、流入移住者は1年間に3〜7万人程度に減少した。

　旧ソ連時代に旧ウズベク共和国では人口の10％余りをロシア人が占

めていた。1990年代の前半に10万人前後の人々がウズベキスタンから
ロシアへと移住した。1990年代の後半になると、1年間に4〜5万人が
ロシアへ移住し、21世紀にはさらに少ない年間2〜3万人が移住してき
た。

　ソ連崩壊前後の3年間に約68万人もの移住者を出したのが、ロシア
人と同じ東スラブ族の国であるウクライナである。1,000万人を超えるロ
シア人がウクライナに住み、人口の約20%を占めていた。1990年代の
前半には毎年20〜30万人の人々が住み慣れたウクライナを後にして、
ロシアに向かった。20世紀末には移住者は10万人台を割り、21世紀は
じめの数年間は1年間に2〜3万人しかロシアに流入していなかった。

　以上の主要3箇国とその他の国々から1990年〜2006年の17年間に
約890万人の移住者がロシアに流入した。ソ連崩壊という政治上の一
大変化が旧ソ連構成共和国のロシア離れを引き起こし、旧ソ連構成共
和国にロシア系住民が住み続けることが困難になってきたことが背景に
ある。旧ソ連において支配的民族であったロシア人は、構成共和国の
都市部とくに首都に多く住んでいたが、その人たちは現地の民族の間で
は少数民族に転落し、ロシアへ引き上げてきたのである。

②流出移住者

　ソ連崩壊前後の3年間にロシアからウクライナへ移住した人々の数は
86万人に達し、この人数はその後の14年間の移住者数78万人を上回
るものであった。これと同じことが、ロシアからカザフスタンへの移住の
場合にも起こっている。すなわち、ソ連崩壊前後の3年間に29万人が流
出し、これは全流出者の44%に当たるものであった。ドイツ人の場合は
流出時期はやや遅れて到来した。ソ連崩壊後の6年間に約40万人が流

表6 主要3箇国のロシアにおける移住者数の推移（単位：人）

	ロシアへの出身地別移住者数			
	カザフスタン	ウズベキスタン	ウクライナ	主要3箇国を含む全外国
1990	157,401	103,951	270,453	913,223
1991	128,906	69,149	210,121	692,238
1992	183,891	112,442	199,355	926,020
1993	195,672	91,164	189,409	923,280
1994	346,363	146,670	247,351	1,146,735
1995	241,427	112,312	188,443	842,050
1996	172,860	49,970	170,928	631,592
1997	235,903	39,620	138,231	583,260
1998	209,880	41,800	111,934	495,304
1999	138,521	41,615	81,297	367,197
2000	124,903	40,810	74,748	359,330
2001	65,226	24,873	36,503	193,450
2002	55,706	24,951	36,806	184,612
2003	29,552	21,457	23,418	129,144
2004	40,150	14,948	17,699	119,157
2005	51,945	30,436	30,760	177,230
2006	38,606	37,126	32,721	186,380
1990〜2006	2,416,912	1,003,294	2,060,177	8,870,202

資料：

❶ Госкомстат России,РОССИЙСКИЙ СТАТИСТИЧЕСКИЙ ЕЖЕГОДНИК,2000,стр.100, 5-30,МЕЖДУНАРОДНАЯ МИГРАЦИЯ（ロシア国家統計委員会、ロシア統計年鑑、100 頁、5−30表、国際移住、2000年）。

ロシアからの国別移住者数				社会増加数
カザフスタン	ウクライナ	ドイツ	主要3箇国を含む全外国	
102,833	274,577	33,754	729,467	183,756
99,380	276,196	33,705	675,497	16,741
87,272	309,336	62,697	673,143	252,877
68,703	172,131	72,991	483,028	440,252
41,864	108,370	69,538	337,121	809,614
50,388	99,422	79,569	339,600	502,450
38,350	83,813	64,420	288,048	343,544
25,364	69,116	52,140	234,284	348,976
26,672	57,318	49,186	216,691	278,613
25,037	58,922	52,832	237,967	129,230
17,913	35,601	40,443	145,720	213,610
15,186	24,026	43,682	121,166	72,284
13,939	20,585	42,231	106,685	77,927
14,017	16,744	36,928	94,018	35,126
12,504	13,115	31,876	79,795	39,362
12,437	12,640	21,458	69,798	107,432
11,948	11,926	8,229	54,061	132,319
663,807	1,643,838	795,679	4,886,089	3,984,113

❷ ФЕДЕРАЛЬНАЯ СЛУЖБА ГОСУДАРСТВЕННОЙ СТАТИСТИКИ,РОССИЙСКИЙ СТАТИСТИЧЕСКИЙ ЕЖЕГОДНИК,2007,стр.124-125,4-31,МЕЖДУНАРОДНАЯ МИГРАЦИЯ（連邦国家統計局、ロシア統計年鑑、124－125頁、4－31表、国際移住、2007年）。

表7 旧ソ連構成3共和国におけるロシア人

	カザフスタン		ウズベキスタン		ウクライナ	
	ロシア人 （千人）	全国民中の 比率（％）	ロシア人 （千人）	全国民中の 比率（％）	ロシア人 （千人）	全国民中の 比率（％）
1959	3,972	42.7	1,092	13.5	7,091	16.9
1970	5,522	42.4	1,473	12.5	9,126	19.4
1979	5,991	40.8	1,666	10.8	10,472	21.1

資料：

❶ Валентей Д.И.и-др,ДЕМОГРАФИЧЕСКИЙ ЭНЦИКЛОПЕДИЧЕСКИЙ
СЛОВАРЬ,1985,с.169 с.488 с.491.（デ・イ・ワレンチェイほか編、人口百科事典、
169頁、488頁、491頁、1985年）。

出し、それは移住者全体（約80万人）の半数を占めていた。

8. おわりに

　自然増加がマイナスになり始めたのは、日本では2005年度であり、ロシアでは1992年であった。社会増加は日本では増減を繰り返しており、確たる方向は見えない。ロシアの社会増加に対するソ連崩壊の影響は明らかである。1990年代に見られた《民族の大移動》は、21世紀になると一段落した。ロシアへの流入移住が減少したことによって、ロシアの人口減少が加速化されている。

注
⑴　ロシアの人口については、その正確性に問題があるという指摘がある。例えば、「雲和弘・森永貴子・志田仁完、『ロシアの長期人口統計』、2008年1月、経済研究、第59巻、第1号」がある。この論文の結論としての「表1．結果表」に掲載されている総人口（1990～2002年）は、本稿の表2のロシアの人口と一致している。
⑵　2000年以降のロシアの出生者数の増加は、親となる世代の人口が世代交代によって増加したためであることを、筆者はかつて指摘した。（澤田軍治郎、『ロシア社会論集』、金壽堂出版、2005年、204～205頁。）プーチン政権及びそれを引き継いだメドベージェフ政権が自賛するように、家族政策だけによって出生者数が増加に転じたわけではない。
⑶　「外国人は、本邦入国後90日以内または本邦出生などの後60日以内に市区町村に登録し、出国、帰化、死亡などによりその登録が閉鎖されるが、

入国後90日以内に出国する場合などには登録しない場合が多い。本邦に
在留していても、これら未登録外国人は本統計には計上されていない。」(法
務省平成20年版在留外国人統計 はしがき 2008年)

(4) 澤田軍治郎ブラジルの日本人社会と日系人社会 (大阪教育大学社会学
研究会編 ブラジルの日本人学校・日系人学校大阪教育大学比較社会研
究室 2005年 48頁 表10および49頁表11所収)

第4章

新潟市とウラジオストック市における人口の推移

1．人口の推移

　次ページの表1は新潟市（旧新潟市……表1の資料出所❹参照）とウラジオストック市の1990年から2008年までの人口の推移を示している。初めに、この18年間に両市の人口がどのように推移してきたかを確認する。

①新潟市

　表1によれば、新潟市の人口は1990年から2005年まで、対前年の増加率は徐々に低下しながらも、緩やかに増加し続けてきた。しかし、2006年に初めて前年と比べて625人減少した。因みに、同じ2006年に日本の人口も初めて減少した[1]。新潟市の人口は翌2007年にも前年と比べて583人減少し、2年連続の人口減少となった。日本の人口もま

ロシア極東ウラジオストック

表1　人口の推移（単位：人　指数は1990年を100.0とする）

	新潟市（a）		
	人　口	指　数	対前年増加指数
1990	474,076	100.0	—
1991	475,842	100.4	0.4
1992	476,827	100.6	0.2
1993	477,864	100.8	0.2
1994	479,185	101.1	0.3
1995	480,804	101.4	0.3
1996	481,353	101.5	0.1
1997	483,504	102.0	0.5
1998	484,869	102.3	0.3
1999	485,878	102.5	0.2
2000	486,638	102.6	0.1
2001	486,761	102.7	0.1
2002	487,931	102.9	0.2
2003	488,263	103.0	0.1
2004	488,594	103.1	0.1
2005	488,782	103.1	0
2006	488,157	103.0	−0.1
2007	487,574	102.8	−0.2
2008	488,009	102.9	0.1

資料出所：

❶新潟市は各年3月31日現在、ウラジオストック市は各年1月1日現在の人口である。ただし、ウラジオストック市（a）の1990年の人口は1989年に実施された国勢調査の数字である。

❷1990～1993年の新潟市の人口は、自治省行政局編、財団法人国土地理協会発行、『住民基本台帳に基づく全国人口・世帯数表　人口動態表』（平成2年版～平成5年版）による。

❸1994～2000年の新潟市の人口は、財団法人国土地理協会、『住民基本台帳要覧』（平成6年版～平成12年版）による。

❹新潟市は2001年1月1日に黒崎町と合併後、2005年3月21日に近隣12市町村と合併、さらに同年10月10日には巻町と合併し、人口約81万人を擁する都市となった。しかし、ウラジオストグ市との比較を目的とする本稿の趣旨から、2001～2008年の新潟市の人口は、市町村合併前の旧新潟市（新潟（a）と呼ぶ）の統計数字を採用した。

旧新潟市の人口に関して、2001年以降の公式統計は存在しない。そこで、2001年、

50

ウラジオストック市 (a)		
人　口	指　数	対前年増加指数
634,000	100.0	—
648,000	102.2	2.2
648,000	102.2	2.2
643,000	101.4	−0.8
637,000	100.5	−0.9
632,000	99.7	−0.8
627,000	98.9	−0.8
623,000	98.3	−0.6
619,000	97.6	−0.7
613,000	96.7	−0.9
606,000	95.6	−1.1
—	—	—
595,000	93.8	—
595,000	93.8	0
590,300	93.1	−0.7
586,800	92.6	−0.5
583,700	92.1	−0.5
580,800	91.6	−0.5
578,800	91.3	−0.3

　2002年および2008年の旧新潟市の人口については、新潟市総務部総務課統計係の金子朋江氏に作成していただいた資料を使用した。2003～2007年の旧新潟市の人口は、新潟市市民局市民生活部市民課記録係が作成した「住民基本台帳の人口について」により算出した。

❺ウラジオストック市の人口に関しては、二つの統計がある。一つはウラジオストック市市街地の人口を示した統計（ウラジオストック市 (a) と呼ぶ）であり、もう一つは周辺の町村を含む市の管轄地域の人口を示した統計（ウラジオストック市 (b) と呼ぶ）である。表1では、ウラジオストック (a) を用いた。

❻ウラジオストック市の1989～2000年の人口は、資料一覧⑳の70頁によった。

❼ウラジオストック市の2002～2003年の人口は、資料一覧㉑の95頁によった。

❽ウラジオストック市の2004～2008年の人口は、資料一覧㉒の9頁によった。

た2年連続して減少した[2]。

　しかし、2008年には新潟市の人口は前年と比べて435人増加した。日本の人口も、新潟市と同じく、2008年に増加に転じた[3]。

　2008年現在の新潟市の人口は488,009人であった。1990年の474,076人と比べて、増加数が13,933人、増加率が2.9％となった。年平均の増加数は774人、増加率は0.16％であった。

②ウラジオストック市

　表1によれば、ウラジオストック市の人口は1991年と1992年に648,000人となり、頂点に達した。これはソ連邦崩壊の前年と当年であり、それ以来人口は減少し続けてきた。対前年の減少率は2000年までは高かったが、2004年以降は減少の度合いが低下してきた。因みにロシア連邦の人口は、ウラジオストックより1年遅れの1993年に、1億4,856万1,700人の最多人数を記録した[4]。

　2008年現在のウラジオストック市の人口は578,800人であった。1989年の634,000人と比べて、減少数は55,200人、減少率は8.7％となった。年平均の減少数は3,067人、減少率は0.48％であった。

③両者の比較

　上述のように、人口の推移において、新潟市は日本と、ウラジオストック市はロシアと同時期にほぼ同様の変化を示している[5]。

　新潟市の人口は、日本全体と同じく、15年にわたる微増傾向から近年における減少ないし停滞への傾向が見られる。これに対して、ウラジオストック市はソ連邦崩壊以後一貫して人口減少の道を歩んでいる。人口減少の度合いについて言えば、ウラジオストック市は、1993年から

2000年までは対前年の減少率が高かったが、2004年以降は徐々に減少率が低下してきた。

　人口の推移は、人口の自然増加数（出生者数－死亡者数）と社会増加数（転入者数－転出者数）とによって決定される。以下において、新潟市とウラジオストック市における人口の自然増加と社会増加について考察する。

2.　人口の自然増加

　表2は1990年から2008年までの新潟市とウラジオストック市における人口の自然増加を示している。この18年間に人口の自然増加がどのように推移してきたかを確認する。

①新潟市

　新潟市の場合は、時期によって市域が異なるので、3期に分けて考察する。

　第1期（1990～2000年）は旧新潟市域の人口についての統計である。年間出生者数は1990年の4,983人から2000年の4,479人まで504人減少し、年間死亡者数は1990年の2,729人から2000年の3,555人まで826人増加した。その結果として、10年間に年間自然増加数は2,254人から924人にまで減少した。

　第2期（2001～2004年）は黒崎町との編入合併後の新潟市域の人口についての統計である。年間出生者数は2001年の4,791人から2004年の4,496人まで295人減少した。年間死亡者数は2001年の3,574人から2004年の3,833人まで259人増加した。その結果として、3

表2 人口の自然増加（単位：人）

	新潟市（1990年～2000年は (a)、2001年～2008年は (b)		
	出生者数	死亡者数	自然増加数
1990	4,983	2,729	2,254
1991	4,800	2,642	2,158
1992	4,852	2,803	2,049
1993	4,714	3,045	1,669
1994	4,813	3,066	1,747
1995	4,835	3,249	1,586
1996	4,512	3,062	1,450
1997	4,760	3,211	1,549
1998	4,624	3,374	1,250
1999	4,694	3,432	1,262
2000	4,479	3,555	924
2001	4,791	3,574	1,217
2002	4,796	3,576	1,220
2003	4,566	3,800	766
2004	4,496	3,833	663
2005	6,412	6,355	57
2006	6,641	6,735	−94
2007	6,515	6,818	−303
2008	6,601	7,156	−555

資料：

❶新潟市の出生者数、死亡者数および自然増加数は、資料一覧①～⑲によった。

❷新潟市の対前年の出生者数と自然増加数が、2001年に増加しているのは、黒崎町との編入合併の影響である。

❸新潟市の対前年の出生者数と死亡者数が、2005年に増加しているのは、近隣12市町村との編入合併の影響である。

❹新潟市の対前年の出生者数と死亡者数が、2006年に増加しているのは、巻町との編入合併の影響である。

❺ウラジオストック市 (b) の1990年～2002年の出生者数、死亡者数および自然増加数は、資料一覧㉓の20頁によった。

ウラジオストック市（b）		
出生者数	死亡者数	自然増加数
8,913	5,862	3,051
7,614	6,158	1,456
6,237	6,726	−489
5,592	8,125	−2,593
5,680	8,582	2,902
5,325	8,168	−2,843
5,018	7,911	−2,893
4,814	7,266	−2,452
4,683	6,866	−2,183
4,428	7,242	−2,814
4,716	7,464	−2,748
5,086	7,145	−2,059
5,304	7,585	−2,281
5,583	8,176	−2,593
5,737	8,218	−2,481
5,611	7,969	−2,358
5,633	7,468	−1,835
5,992	7,287	−1,295
6,104	7,406	−1,302

❻ウラジオストック市 (b) の2003年の出生者数、死亡者数および自然増加数は、資料一覧㉔の18頁によった。

❼ウラジオストック市 (b) の2004年と2005年の出生者数、死亡者数および自然増加数は、資料一覧㉕によった。

❽ウラジオストック市 (b) の2006年の出生者数、死亡者数および自然増加数は、資料一覧㉖によった。

❾ウラジオストック市 (b) の2007年の出生者数、死亡者数および自然増加数は、資料一覧㉒の24頁によった。

❿ウラジオストック市 (b) の2008年の出生者数、死亡者数および自然増加数は、資料一覧㉗によった。

年間に年間自然増加数は1,217人から663人にまで減少した。

第3期（2005～2008年）は近隣12市町村および巻町との編入合併後の新潟市域の人口についての統計である。2006年には、死亡者数（6,735人）が出生者数（6,641人）を上回る事態が初めて出現した。人口の自然減少が始まり、2007年と2008年にも自然減少は続き、そのマイナス幅は広がっていった。

②ウラジオストック市

ウラジオストック市では、年間出生者数は1990年の8,913人が最も多く、1999年の4,428人が最も少ない。因みに、ロシア連邦の年間出生者数も、1990年の198万8,858人（最多人数）から1999年の121万4,689人（最少人数）まで約77万人も減少した[6]。

しかし、ウラジオストック市の年間出生者数は2000年から反転し、同年の4,716人から2008年の6,104人まで回復した。同期間中に、ロシア連邦の年間出生者数も126万6,800人から147万9,637人まで約21万人増加した[7]。

他方において、年間死亡者数は増減を繰り返しつつ、増加傾向にある。ソ連邦崩壊直後の混乱期である1994年に最も多い8,582人の死亡者数を記録しており、ソ連時代末期の1990年に最も少ない5,862人が死亡者として記録されている。

出生者数が死亡者数を上回っていたのは、1990年と1991年の2年間だけであり、1992年以降は常に自然増加はマイナスとなっている。自然減少数は1993年～2005年の13年間は2千人台であった。しかし、2006～2008年には出生者数の増加と死亡者数の減少とが相俟って、自然減少数が千人台へと縮小した。

③両者の比較

　1990年の出生者数は、新潟市が4,983人、ウラジオストック市が8,913人であり、後者は前者の1.79倍であった。10年後の2000年の出生者数は、新潟市が4,479人、ウラジオストック市が4,716とほぼ同数になった。この10年間にウラジオストック市の出生者数が急激に減少したことが分かる。

　1990～2000年のウラジオストック市の人口は旧新潟市の約1.3倍であった。（表1参照）これに対して、ウラジオストック市の死亡者数は旧新潟市の2.03倍（1998年）～2.80倍（1994年）に達している。ウラジオストック市の死亡率の高さが際立っている。

　表3は新潟市とウラジオストック市の女性の年齢構成を示している。第一に、女性の年齢構成が出生者数に与えた影響について考察する。第二に、女性の年齢構成の変化が死亡者数に与えた影響について考察する。

①女性の年齢構成と出生者数

　表3によれば、出産率の高い20～29歳の女性が全年齢層の中で占める比率は、1995年から2005年にかけて、新潟市で14.2％から11.9％へと減少した。ウラジオストック市では同期間中に15.4％から17.9％へと増加している。このことが出生者数に与えた影響を、表2と表3とを参照しながら、確認する。

　新潟市の場合は、1995年と2000年とでは20歳代女性の比率は14.2％と変わらず、したがって1990年代の出生者数は軽微な減少にと

表3 女性の年齢層別構成（％）

年齢層	新潟市			ウラジオストック市		
	1995年	2000年	2005年	1995年	2000年	1995年
0～19歳	21.8	19.1	18.1	24.9	21.8	18.5
20～29歳	14.2	14.2	11.9	15.4	15.9	17.9
30～39歳	12.4	12.9	13.5	16.6	15.2	14.6
40～49歳	16.0	13.3	12.1	16.3	16.6	15.5
50～59歳	13.3	15.0	15.1	12.6	13.0	14.9
60歳～	22.2	25.4	29.4	14.2	17.5	18.6
合　計	100	100	100	100	100	100

資料：
❶新潟市の1995年の統計数字は、資料一覧⑥の240～241頁の統計から算出した。
❷新潟市の2000年の統計数字は、資料一覧⑪の238～239頁の統計から算出した。
❸新潟市の2005年の統計数字は、資料一覧⑯の210～211頁の統計から算出した。
❹ウラジオストック市の統計数字は、資料一覧㉔の22頁の統計によった。

どまった。2005年に関しては、新市域の数値であるため、影響を論じることはできない。

　早婚であったロシアでも1990年代には晩婚化が進行し始め、女性の初婚年齢が20歳代前半から20歳代後半へと移り始めた[8]。ウラジオストック市では1995年から2000年にかけて20歳代女性人口比率が15.4％から15.9％へとわずかに増加した。しかし、1990年から1999年まで出生者数は減り続けた。2000年から2005年にかけて20歳代女性の比率が15.9％から17.9％に上昇したことによって、年間出生者数は2000年の4,716人から2008年の6,104人まで増加した。

②女性の年齢構成と死亡者数

　表3によれば、新潟市の60歳以上の女性が全年齢層の中で占める比率は、1995年の22.2％から2005年の29.4％まで年々高くなっている。この女性の高齢化現象と表3に見られる（男性を含む）年間死亡者数の増加振りとは、対応しているように思われる。

　表3によれば、ウラジオストック市の60歳以上の女性がすべての年齢層の中で占める比率は、1995年の14.2％から2005年の18.6％まで高くはなっているが、新潟市よりもはるかに低い。表3に見られる（男性を含む）年間死亡者数は増減を繰り返しており、女性の高齢化とは対応していないように思われる。ソ連邦崩壊直後の混乱期に年間死亡者数が増加し、混乱収束後に減少に向かった事実をみると、高齢化以外の要因が作用しているように思われる。

ロシア極東ウラジオストック

表4 人口の社会増加（単位：人）

	新潟市（1990年～2000年は (a)、2001年～2008年は (b)）		
	転入者数	転出者数	社会増加数
1990	20,905	21,151	−246
1991	20,644	21,036	−392
1992	20,845	21,909	−1,064
1993	20,877	21,509	−632
1994	20,988	21,414	−426
1995	21,444	21,411	33
1996	20,774	21,675	−901
1997	22,160	21,558	602
1998	21,003	20,888	115
1999	20,754	21,007	−253
2000	20,328	20,492	−164
2001	20,478	21,005	−527
2002	20,198	19,957	241
2003	20,051	20,303	252
2004	19,595	19,678	−83
2005	25,700	25,149	551
2006	21,061	21,585	−524
2007	20,060	20,839	−779
2008	20,572	20,338	234

資料：
❶新潟市の転入者数、転出者数および社会増加数は、資料一覧①～⑲によった。
❷ウラジオストック市の1990年～1993年の転入者数、転出者数および社会増加数は、資料収集の不備により不明である。
❸ウラジオストック市の1994年～1998年の転入者数、転出者数および社会増加数は、資料一覧㉘によった。
❹ウラジオストック市の1999年～2002年の転入者数、転出者数および社会増加数は、資料一覧㉓の29頁によった。

ウラジオストック市 (b)		
転入者数	転出者数	社会増加数
—	—	—
—	—	—
—	—	—
—	—	—
15,602	17,538	−1,936
14,990	17,158	−2,168
14,400	14,684	−284
12,346	14,180	−1,834
12,324	14,391	−2,067
10,945	13,866	−2,921
8,690	10,428	−1,738
8,003	9,254	−1,251
9,185	9,331	−146
7,822	9,346	−1,524
6,709	7,719	−1,010
6,101	6,906	−805
6,270	7,319	−1,049
6,449	7,099	−650
7,778	6,637	1,141

❺ウラジオストック市の2003年～2005年の転入者数、転出者数および社会増加数は、資料一覧㉔の27頁によった。

❻ウラジオストック市の2006年の転入者数、転出者数および社会増加数は、資料一覧㉙によった。

❼ウラジオストック市の2007年の転入者数、転出者数および社会増加数は、資料一覧㉚によった。

❽ウラジオストック市の2008年の転入者数、転出者数および社会増加数は、資料一覧㉛によった。

3. 人口の社会増加

表4は1990年（ウラジオストックは1994年）から2008年までの新潟市とウラジオストック市における人口の社会増加を示している。

①新潟市

表4によれば、新潟市への転入者数は、2005年を除いて、1990年から2008年まで20～21万人であり、ほとんど変化がない。新潟市からの転出者数も、まったく同様である。3度の市町村合併による市域の拡大にもかかわらず、転出入者数に変化がないということは、旧新潟市への転出入が行われているということを意味する。

転入者数が転出者数を上回っているのは7年だけであり、あとの12年は転入者よりも転出者の方が多い。すなわち、社会増加がプラスの年は7年であるのに対し、マイナスの年は12年もある。社会増加がプラスの年とマイナスの年は定期的には出現していない。因みに、日本全体では社会増加がプラスの年は11年であるのに対し、マイナスの年は6年しかない[9]。

②ウラジオストック市

表4によれば、ウラジオストック市への転入者数は、1994年の15,602人からほぼ一貫して減り続け、2008年には約半分の7,778人となった。転出者数も1994年の17,538人からほぼ一貫して減り続け、2008年に6,637人となった。転出者のほうがほとんどの年に多く、転入者のほうが多かったのは2008年だけであった。

　ウラジオストック市への転入者7,778人の内訳は、2008年の場合を例にとれば、ロシア国内が6,931人（89%）、外国が847人（11%）である[10]。転出者6,637人の内訳は、ロシア国内が6,412人（97%）、外国が225人（3%）である[11]。

③両者の比較

　新潟市の転出入者数が1990年から2008年まで、2005年を除いて、ほぼ一定しているのに対して、ウラジオストックの転出入者数は1994年から2008年までに大幅に減少した。

4.　人口の増減

　表5は表2の自然増加数と表4の社会増加数を合算して、新潟市とウラジオストックの人口の増減を計算したものである。

①新潟市

　新潟市の場合、人口の増減数は1990年から2005年までプラスの値であった。その間に社会増加数がマイナスの値であった年が合わせて10回あった。しかし、当該年にその数値を上回る自然増加があったために、人口は増加した。

　人口増減数は2006年と2007年にはマイナスの値となった。自然増加数も社会増加数もマイナスの値であったために、当然に人口は減少した。マイナスの値に関しては、両年とも自然増加よりも社会増加の方が大きい。すなわち、人口減少の原因は、自然減少よりも社会減少にあるといえる。人口増減数は2008年もマイナスの値となった。社会増加

表5 人口の増減（単位：人）

	新潟市（1990年～2000年 (a)、2001年～2008年 (b)）		
	自然増加数	社会増加数	増減数
1990	2,254	−246	2,008
1991	2,158	−392	1,766
1992	2,049	−1,064	985
1993	1,669	−632	1,037
1994	1,747	−426	1,321
1995	1,586	33	1,553
1996	1,450	−901	549
1997	1,549	602	947
1998	1,250	115	1,365
1999	1,262	−253	1,009
2000	924	−164	760
2001	1,217	−527	690
2002	1,220	241	1,461
2003	766	252	1,018
2004	663	−83	580
2005	57	551	608
2006	−94	−524	−618
2007	−303	−779	−1,082
2008	−555	234	−321

ウラジオストック市 (b)		
自然増加数	社会増加数	増減数
3,051	—	—
1,456	—	—
−489	—	—
−2,593	—	—
−2,902	−1,936	−4,838
−2,843	−2,168	−5,011
−2,893	−284	−3,177
−2,452	−1,834	− 4,286
−2,183	−2,067	−4,250
−2,814	−2,921	−5,735
−2,748	−1,738	−4,486
−2,059	−1,251	−3,310
−2,281	−146	−2,427
−2,593	−1,524	−4,117
−2,481	−1,010	−3,491
−2,358	−805	−3,163
−1,835	−1,049	−2,884
−1,295	− 650	−1,945
−1,302	1,141	−161

数はプラスの値であったけれども、自然増加数のマイナスの値がそれを
上回ったために、人口は減少した。人口減少への影響度が大きいのは、
2006年と2007年は社会増加であり、2008年は自然増加である。

②ウラジオストック市

　ウラジオストック市の場合、人口の増減数は1994年から2008年まで
常にマイナスの値であった。ただし、人口減少数は1999年の5,735人
以降徐々に小さくなり、2008年には161人となった。この原因は社会
増加数のマイナスの値が小さくなり、2008年に初めてプラス1,141人と
なったことである。

5. 終わりに

　新潟市の人口は2006年に初めて前年と比べて減少した。ウラジオ
ストック市の人口は1992年以来減少し続けてきた。新潟市の人口は、
15年にわたる微増傾向から近年減少傾向が見られる。これに対して、
ウラジオストック市はソ連邦崩壊以後一貫して人口減少の道を歩んでい
る。

　新潟市では出生者数は減少し、死亡者数は増加した。その結果、
死亡者数が出生者数を上回る、人口の自然減少が2006年に始まった。
ウラジオストック市では出生者数が減少し、死亡者数は増加傾向にある。
その結果1992年以降自然増加はマイナスとなっているが、近年減少幅
が狭まっている。

　新潟市では、転入者よりも転出者の方が多く、社会増加がマイナス
の年が多い。ウラジオストック市では、転出者も転入者も減少を続けて

いる。転出者の方が多く、転入者が多かったのは2008年だけであった。すなわち、両市とも社会増加がマイナスの傾向が強い。

　新潟市では自然増加数が年々少なくなってきたために、社会増加のマイナス分を補いきれなくなり、2006年に人口減少の段階に突入した。ウラジオストック市の場合、人口は1994年以降常に減少を続けていたが、2004年から減少幅は小さくなってきた。

注
(1)　澤田軍治郎、『日本とロシアにおける結婚と出産』、大阪総合保育大学紀要第2号、2008年、44頁。「2006年3月31日現在の日本の人口は1億2,705万5,025人で、2005年3月31日現在の人口（1億2,705万8,530人）に比べると、3,505人減少した。太平洋戦争の敗戦直後の人口減少を除けば、日本が初めて経験した人口減少である。」
(2)　澤田軍治郎、『日本とロシアにおける人口の社会増加』、大阪総合保育大学紀要第3号、2009年、132頁。「2007年現在の人口は1億2,705万3,471人で、前年に比べると、1,554人減少した。このように、2年連続して人口が減少し、日本は人口減少国の仲間入りをしたかに見えた。」
(3)　澤田軍治郎、同上誌第3号、132頁。「しかし、2008年現在の日本の人口は、前年に比べて1万2,707人増加し、1億2,706万6,178人となった。これは住民基本台帳制度が発足した1967年以降の最多人数である。」
(4)　澤田軍治郎、同上誌第3号、133頁、表2参照。
(5)　澤田軍治郎、同上誌第3号、133頁。「ロシアはすでに13年間も人口減少国であり続け、日本は人口減少社会の入り口に立っている。」
(6)　澤田軍治郎、同上誌第3号、135頁、「表3　日本とロシアにおける人口の自然増加」参照。

(7)　澤田軍治郎、同上誌第3号、135頁、「表3　日本とロシアにおける人口の自然増加」参照。

(8)　澤田軍治郎、同上誌第2号、49頁、「表7　20〜39歳女性の有配偶率」参照。

(9)　澤田軍治郎、同上誌第3号、137頁、「表5　人口の社会増加」参照。

(10)　資料一覧㉜参照。

(11)　資料一覧㉝参照。

資料一覧

① 　自治省行政局編、財団法人国土地理協会発行、『住民基本台帳に基づく全国人口・世帯数表　人口動態表』、平成2年版。

② 　自治省行政局編、財団法人国土地理協会発行、『住民基本台帳に基づく全国人口・世帯数表　人口動態表』、平成3年版。

③ 　自治省行政局編、財団法人国土地理協会発行、『住民基本台帳に基づく全国人口・世帯数表　人口動態表』、平成4年版。

④ 　自治省行政局編、財団法人国土地理協会発行、『住民基本台帳に基づく全国人口・世帯数表　人口動態表』、平成5年版。

⑤ 　財団法人国土地理協会、『住民基本台帳要覧』、平成6年版。

⑥ 　財団法人国土地理協会、『住民基本台帳要覧』、平成7年版。

⑦ 　財団法人国土地理協会、『住民基本台帳要覧』、平成8年版。

⑧ 　財団法人国土地理協会、『住民基本台帳要覧』、平成9年版。

⑨ 　財団法人国土地理協会、『住民基本台帳要覧』、平成10年版。

⑩ 　財団法人国土地理協会、『住民基本台帳要覧』、平成11年版。

⑪ 　財団法人国土地理協会、『住民基本台帳要覧』、平成12年版。

⑫ 　財団法人国土地理協会、『住民基本台帳要覧』、平成13年版。

⑬ 　財団法人国土地理協会、『住民基本台帳要覧』、平成14年版。

⑭ 　財団法人国土地理協会、『住民基本台帳要覧』、平成15年版。

⑮ 　財団法人国土地理協会、『住民基本台帳要覧』、平成16年版。

⑯　財団法人国土地理協会、『住民基本台帳要覧』、平成17年版。

⑰　財団法人国土地理協会、『住民基本台帳要覧』、平成18年版。

⑱　財団法人国土地理協会、『住民基本台帳要覧』、平成19年版。

⑲　財団法人国土地理協会、『住民基本台帳要覧』、平成20年版。

⑳　ГОСКОМСТАТ РОССИИ РОССИЙСКИЙ СТАТИСТИЧЕСКИЙ ЕЖЕГОДНИК РОССИИ 2000.（ロシア国家統計委員会、『ロシア統計年鑑』、2000年）。

㉑　ФЕДЕРАЛЬНАЯ СЛУЖБА ГОСУДАРСТВЕННОЙ СТАТИСТИКИ РОССИЙСКИЙ СТАТИСТИЧЕСКИЙ ЕЖЕГОДНИК 2008.（連邦国家統計局、『ロシア統計年鑑』、2008年）。

㉒　Естественное движение населения в Приморском крае в 2007 году, Приморскстат, Владивосток, 2008.（沿海地方統計局、『2007年の沿海地方における人口の自然増減』、ウラジオストック、2008年）。

㉓　Владивосток в 2002 году, Приморскстат, Владивосток, 2003.（沿海地方統計局、『2002年のウラジオストック』、ウラジオストック、2003年）。

㉔　Владивосток в 2005 году, Приморскстат, Владивосток, 2006, с.18.（沿海地方統計局、『2005年のウラジオストック』、ウラジオストック、18頁、2006年）。

㉕　Населения Приморского, края в 2005 году, Приморскстат, Владивосток, 2006, с.15.（沿海地方統計局、『2005年の沿海地方の人口』、ウラジオストック、15頁、2006年）。

㉖　Естественное движение населения в Приморском крае в 2006 году, Приморскстат, Владивосток, 2007, с.26.（沿海地方統計局、『2006年の沿海地方における人口の自然増加』、ウラジオストック、26頁、2007年）。

㉗　Естественное движение населения в Приморском крае, Приморскстат, Владивосток, 2009, с.25.（沿海地方統計局、『沿海地方における人口の自然増加』、ウラジオストック、25頁、2009年）。

㉘　Владивосток в 1998 году, Приморскстат, Владивосток, 1999, с.18.（沿

海地方統計局、『1998年のウラジオストック』、ウラジオストック、18頁、1999年)。

㉙ Миграция населения Приморского края в 2006 году,c.12,c.14,c.16. Приморскстат,Владивосток,2007.（沿海地方統計局、『2006年の沿海地方住民の移住』、ウラジオストック、12頁、14頁、16頁、2007年)。

㉚ Миграция населения Приморского края в 2007 году,c.7,c.9,c.11. Приморскстат,Владивосток,2008.（沿海地方統計局、『2007年の沿海地方住民の移住』、ウラジオストック、7頁、9頁、11頁、2008年)。

㉛ Миграция населения Приморского края в 2008 году,c.20,c.22,c.24. Приморскстат,Владивосток,2009.（沿海地方統計局、『2008年の沿海地方住民の移住』、ウラジオストック、20頁、22頁、24頁、2009年)。

㉜ Миграция населения Приморского края в 2008 году,c.20. Приморскстат,Владивосток,2009.（沿海地方統計局、『2008年の沿海地方住民の移住』、ウラジオストック、20頁、2009年)。

㉝ Миграция населения Приморского края в 2008 году,c.22. Приморскстат,Владивосток,2009.（沿海地方統計局、『2008年の沿海地方住民の移住』、ウラジオストック、22頁、2009年)。

第5章

ウラジオストックにおける人口の推移

1．人口の推移

　表1はウラジオストックの1990年から2008年までの人口の推移を示している。

　表1によれば、ウラジオストックの人口は1992年に648,000人となり、頂点に達した。これはソ連崩壊の翌年であり、それ以来人口は減少し続けてきた。減少率は2000年までは高かった[1]が、2004年以降は減少の度合いが低下してきた[2]。2008年現在のウラジオストックの人口は578,800人であった。1989年の634,000人と比べて、減少数は55,200人、減少率は8.7％となった[3]。

表1 人口の推移（単位：人）

	人　口	指　数
1989	634,000	100.0
1992	648,000	102.2
1994	637,000	100.5
1996	627,000	98.9
1998	619,000	97.6
2000	606,000	95.6
2002	595,000	93.8
2004	590,300	93.1
2006	583,700	92.1
2008	578,800	91.3

注：
❶ウラジオストック市の1989〜2000年の人口は、資料一覧⑳の70頁によった。
❷ウラジオストック市の2002年の人口は、資料一覧㉑の95頁によった。
❸ウラジオストック市の2004〜2008年の人口は、資料一覧㉒の9頁によった。

2. 人口の自然増加

　表2は1990年から2008年までのウラジオストックにおける人口の自然増加を示している。この18年間に人口の自然増加がどのように推移してきたかを確認する[4]。

　ウラジオストックでは、年間出生者数は1990年の8,913人が最も多く、1999年の4,428人が最も少ない[5]。しかし、ウラジオストック市の年間出生者数は2000年から反転し、同年の4,716人から2008年の 6,104人まで回復した[6][7]。同期間中に、ロシア連邦の年間出生者数も

表2　人口の自然増加（単位：人）

	出生者数	死亡者数	自然増加数
1990	8,913	5,862	3,051
1992	6,237	6,726	−489
1994	5,680	8,582	−2,902
1996	5,018	7,911	−2,893
1998	4,683	6,866	−2,183
2000	4,716	7,464	−2,748
2002	5,304	7,585	−2,281
2004	5,737	8,218	−2,481
2006	5,633	7,468	−1,835
2008	6,104	7,406	−1,302

注：
❹ウラジオストック市の1990年～2002年の出生者数、死亡者数および自然増加数は、資料一覧㉓の20頁によった。
❺ウラジオストック市の2003年の出生者数、死亡者数および自然増加数は、資料一覧㉔の18頁によった。
❻ウラジオストック市の2004年と2005年の出生者数、死亡者数および自然増加数は、資料一覧㉕によった。
❼ウラジオストック市の2006年の出生者数、死亡者数および自然増加数は、資料一覧㉖によった。
❽ウラジオストック市の2007年の出生者数、死亡者数および自然増加数は、資料一覧㉒の24頁によった。
❾ウラジオストック市の2008年の出生者数、死亡者数および自然増加数は、資料一覧㉗によった。

126万6,800人から147万9,637人まで約21万人増加した[8][9]。

　他方において、年間死亡者数は増減を繰り返しつつ、増加傾向にある。ソ連邦崩壊直後の混乱期である1994年に最も多い8,582人の死亡者数を記録しており、ソ連時代末期の1990年に最も少ない5,862人が死亡者として記録されている。

　出生者数が死亡者数を上回っていたのは、1990年と1991年の2年間だけであり、1992年以降は常に自然増加はマイナスとなっている。自然減少数は1993年～2005年の13年間は2千人台であった。　しかし、2006～2008年には出生者数の増加と死亡者数の減少とが相俟って、自然減少数が千人台へと縮小した。

3. 人口の社会増加

　表3は1994年から2008年までのウラジオストックにおける人口の社会増加を示している[10]。

　表3によれば、ウラジオストック市への転入者数は、1994年の15,602人からほぼ一貫して減り続け、2008年には約半分の7,778人となった[11]。転出者数も1994年の17,538人からほぼ一貫して減り続け、2008年に6,637人となった。転出者数のほうがほとんどの年に多く、転入者のほうが多かったのは2008年だけであった。

　ウラジオストックへの転入者7,778人の内訳は、2008年の場合を例にとれば、ロシア国内が6,931人（89%）、外国が847人（11%）である。転出者6,637人の内訳は、ロシア国内が6,412人（97%）、外国が225人（3%）である。

表3　人口の社会増加（単位：人）

	ウラジオストック		
	転入者数	転出者数	社会増加数
1994	15,602	17,538	−1,936
1996	14,400	14,684	−284
1998	12,324	14,391	−2,067
2000	8,690	10,428	−1,738
2002	9,185	9,331	−146
2004	6,709	7,719	−1,010
2006	6,270	7,319	−1,049
2008	7,778	6,637	1,141

注：
❿ウラジオストック市の1994年～1998年の転入者数、転出者数および社会増加数は、資料一覧㉘によった。
⓫ウラジオストック市の1999年～2002年の転入者数、転出者数および社会増加数は、資料一覧㉓の29頁によった。
⓬ウラジオストック市の2003年～2005年の転入者数、転出者数および社会増加数は、資料一覧㉔の27頁によった。
⓭ウラジオストック市の2006年の転入者数、転出者数および社会増加数は、資料一覧㉙によった。
⓮ウラジオストック市の2007年の転入者数、転出者数および社会増加数は、資料一覧㉚によった。
⓯ウラジオストック市の2008年の転入者数、転出者数および社会増加数は、資料一覧㉛によった。

4. 人口の増減

　表4は表2の自然増加数と表3の社会増加数を合算して、ウラジオストックの人口の増減を計算したものである。

　ウラジオストックでは、人口の増減数は1994年から2008年まで常にマイナスの値であった。ただし、人口減少数は1999年の5,735人以降徐々に小さくなり、2008年には161人となった。この原因は社会増加数のマイナスの値が小さくなり、2008年に初めてプラス1,141人となったことである。

表4　人口の増減（単位：人）

	自然増加数	社会増加数	増減数
1994	−2,902	−1,936	−4,838
1996	−2,893	−284	−3,177
1998	−2,183	−2,067	−4,250
2000	−2,748	−1,738	−4,486
2002	−2,281	−146	−2,427
2004	−2,481	−1,010	−3,491
2006	−1,835	−1,049	−2,884
2008	−1,302	1,141	−161

注：
ウラジオストックの人口の増減は、表2の自然増加数と表3の社会増加数を合算した結果である。

5. 終わりに

　新潟市の人口は2006年に初めて前年と比べて減少した。ウラジオストック市の人口は1992年以来減少し続けてきた。新潟市の人口は、15年にわたる微増傾向から近年減少傾向が見られる。これに対して、ウラジオストック市はソ連邦崩壊以後一貫して人口減少の道を歩んでいる。

　新潟市では出生者数は減少し、死亡者数は増加した。その結果、死亡者数が出生者数を上回る、人口の自然減少が2006年に始まった。ウラジオストック市では出生者数が減少し、死亡者数は増加傾向にある。その結果1992年以降自然増加はマイナスとなっているが、近年減少幅が狭まっている。

　新潟市では、転入者よりも転出者の方が多く、社会増加がマイナスの年が多い。ウラジオストック市では、転出者も転入者も減少を続けている。転出者の方が多く、転入者が多かったのは2008年だけであった。すなわち、両市とも社会増加がマイナスの傾向が強い。

　新潟市では自然増加数が年々少なくなってきたために、社会増加のマイナス分を補いきれなくなり、2006年に人口減少の段階に突入した。ウラジオストック市の場合、人口は1994年以降常に減少を続けていたが、2004年から減少幅は小さくなってきた。

注

(1) 澤田軍治郎、『日本とロシアにおける結婚と出産』、大阪総合保育大学紀要第2号、2008年、44頁。「2006年3月31日現在の日本の人口は1億2,705万5,025人で、2005年3月31日現在の人口（1億2,705万8,530人）に比べると、3,505人減少した。太平洋戦争の敗戦直後の人口減少を除けば、日本が初めて経験した人口減少である。」

(2) 澤田軍治郎、『日本とロシアにおける人口の社会増加』、大阪総合保育大学紀要第3号、2009年、132頁。「2007年現在の人口は1億2,705万3,471人で、前年に比べると、1,554人減少した。このように、2年連続して人口が減少し、日本は人口減少国の仲間入りをしたかに見えた。」

(3) 澤田軍治郎、同上誌第3号、132頁。「しかし、2008年現在の日本の人口は、前年に比べて1万2,707人増加し、1億2,706万6,178人となった。これは住民基本台帳制度が発足した19671年以降の最多人数である。」

(4) 澤田軍治郎、同上誌第3号、133頁、表2参照。

(5) 澤田軍治郎、同上誌第3号、133頁。「ロシアはすでに13年間も人口減少国であり続け、日本は人口減少社会の入り口に立っている。」

(6) 澤田軍治郎、同上誌第3号、135頁、「表3 日本とロシアにおける人口の自然増加」参照。

(7) 澤田軍治郎、同上誌第3号、135頁、「表3 日本とロシアにおける人口の自然増加」参照。

(8) 澤田軍治郎、同上誌第2号、49頁、「表7 20〜39歳女性の有配偶率」参照。

(9) 澤田軍治郎、同上誌第3号、137頁、「表5 人口の社会増加」参照。

(10) 資料一覧㉜参照。

(11) 資料一覧㉝参照。

資料一覧

① 　自治省行政局編、財団法人　国土地理協会発行、『住民基本台帳に基づく全国人口・世帯数表　人口動態表』、平成2年版。

② 　自治省行政局編、財団法人　国土地理協会発行、『住民基本台帳に基づく全国人口・世帯数表　人口動態表』、平成3年版。

③ 　自治省行政局編、財団法人　国土地理協会発行、『住民基本台帳に基づく全国人口・世帯数表　人口動態表』、平成4年版。

④ 　自治省行政局編、財団法人　国土地理協会発行、『住民基本台帳に基づく全国人口・世帯数表　人口動態表』、平成5年版。

⑤ 　財団法人　国土地理協会、『住民基本台帳要覧』、平成6年版。

⑥ 　財団法人　国土地理協会、『住民基本台帳要覧』、平成7年版。

⑦ 　財団法人　国土地理協会、『住民基本台帳要覧』、平成8年版。

⑧ 　財団法人　国土地理協会、『住民基本台帳要覧』、平成9年版。

⑨ 　財団法人　国土地理協会、『住民基本台帳要覧』、平成10年版。

⑩ 　財団法人　国土地理協会、『住民基本台帳要覧』、平成11年版。

⑪ 　財団法人　国土地理協会、『住民基本台帳要覧』、平成12年版。

⑫ 　財団法人　国土地理協会、『住民基本台帳要覧』、平成13年版。

⑬ 　財団法人　国土地理協会、『住民基本台帳要覧』、平成14年版。

⑭ 　財団法人　国土地理協会、『住民基本台帳要覧』、平成15年版。

⑮ 　財団法人　国土地理協会、『住民基本台帳要覧』、平成16年版。

⑯ 　財団法人　国土地理協会、『住民基本台帳要覧』、平成17年版。

⑰ 　財団法人　国土地理協会、『住民基本台帳要覧』、平成18年版。

⑱ 　財団法人　国土地理協会、『住民基本台帳要覧』、平成19年版。

⑲ 　財団法人　国土地理協会、『住民基本台帳要覧』、平成20年版。

⑳ 　ГОСКОМСТАТ РОССИИ РОССИЙСКИЙ,СТАТИСТИЧЕСКИЙ ЕЖЕГОДНИК РОССИИ,2000.（ロシア国家統計委員会、『ロシア統計年鑑』、2000年）。

㉑ 　ФЕДЕРАЛЬНАЯ СЛУЖБА ГОСУДАРСТВЕННОЙ СТАТИСТИКИ

РОССИЙСКИЙ СТАТИСТИЧЕСКИЙ ЕЖЕГОДНИК,2008. (連邦国家統計局、『ロシア統計年鑑』、2008年)。

㉒ Естественное движение населения в Приморском крае в 2007 году, Приморскстат,Владивосток,2008. (沿海地方統計局、『2007年の沿海地方における人口の自然増減』、ウラジオストック、2008年)。

㉓ Владивосток в 2002 году,Приморскстат,Владивосток,2003. (沿海地方統計局、『2002年のウラジオストック』、ウラジオストック、2003年)。

㉔ Владивосток в 2005году,Приморскстат,Владивосток,2006,с.18. (沿海地方統計局、『2005年のウラジオストック』、ウラジオストック、18頁、2006年)。

㉕ Населения Приморского края в 2005 году,Приморскстат, Владивосток,2006,с.15. (沿海地方統計局、『2005年の沿海地方の人口』、ウラジオストック、15頁、2006年)。

㉖ Естественное движение населения в Приморском крае в 2006 году, Приморскстат,Владивосток,2007,с.26. (沿海地方統計局、『2006年の沿海地方における人口の自然増加』、ウラジオストック、26頁、2007年)。

㉗ Естественное движение населения в Приморском крае, Приморскстат,Владивосток,2009,с.25. (沿海地方統計局、『沿海地方における人口の自然増加』、ウラジオストック、25頁、2009年)。

㉘ Владивосток в 1998 году,Приморскстат,Владивосток,1999,с.18. (沿海地方統計局、『1998 年のウラジオストック』、ウラジオストック、18頁、1999年)。

㉙ Миграция населения Приморского края в 2006 году,с.12,с.14,с.16. Приморскстат,Владивосток,2007. (沿海地方統計局、『2006年の沿海地方住民の移住』、ウラジオストック、12頁、14頁、16頁、2007年)。

㉚ Миграция населения Приморского края в 2007 году,с.7,с.9,с.11. Приморскстат,Владивосток,2008. (沿海地方統計局、『2007年の沿海地方住民の移住』、ウラジオストック、7頁、9頁、11頁、2008年)。

㉛　Миграция населения Приморского края в 2008 году,с.20,с.22,с.24. Приморскстат,Владивосток,2009.（沿海地方統計局、『2008年の沿海地方住民の移住』、ウラジオストック、20頁、22頁、24頁、2009年）。

㉜　Миграция населения Приморского края в 2008 году,с.20. Приморскстат,Владивосток,2009.（沿海地方統計局、『2008年の沿海地方住民の移住』、ウラジオストック、20頁、2009年）。

㉝　Миграция населения Приморского края в 2008 году,с.22, Приморскстат,Владивосток,2009.（沿海地方統計局、『2008年の沿海地方住民の移住』、ウラジオストック、22頁、2009年）。

第6章

ロシア欧州地域と極東地域との住民生活の比較

1. ロシア欧州大都市と極東中都市との住民生活の比較

　84ページから99ページの表1から表10は、モスクワで発行された『2010年国勢調査結果地図』を参考に、ロシア欧州大都市部と極東中都市部との住民生活を比較し、生活水準の格差を示すために作成したものである。

　モスクワ市、サンクトペテルブルク市のようなロシア欧州大都市部の住民のほうが生活水準が高く、沿海地方、ハバロフスク地方のような極東中都市部の住民は生活水準が低い。

　そのことを示すために、生活水準の高さを示す数字を**ゴチック太文字**で、反対に生活水準の低さを示す数字には*<u>アンダーライン付き斜体文字</u>*で表した。

表1　人口と人口分布

	比較対象の4地域・都市	
1	人　口	人
2	2002〜2010人口変化	%
3	2002〜2010都市人口	%
4	2000〜2010村落人口	%
5	人口密度	人／km²
6	都市人口の割合	%
7	村落人口の割合	%
8	男性千人対女性数	人
9	都市男性1000人対女性数	人
10	村落男性1000人対女性数	人
11	住民の平均年齢	歳
12	生産年齢以下人口	%
13	生産年齢人口	%
14	生産年齢以上人口	%
15	生産年齢人口1000人対若年・高齢者数	人

沿海地方	ハバロフスク地方	モスクワ市	サンクトペテルブルク市
15〜20万	10〜15万	200万以上	200万以上
5〜10減	5〜10減	10〜15増	5〜10増
10〜15減	5未満減	**10〜15増**	5〜10増
5未満増	10〜15減	5未満増	5未満増
9〜20人	9人未満	40人以上	40人以上
70.0〜79.9	**80.0以上**	**80.0以上**	**80.0以上**
20.0〜29.9	*20.0以下*	*20.0以下*	*20.0以下*
1050〜1099	1100〜1149	1150〜1199	**1200以上**
1050〜1129	1130〜1199	1130〜1199	**1200〜1229**
900〜999	900〜999	900以下	900以下
36.0〜37.9	36.0〜37.9	38.0〜39.9	40.0以上
15.0〜15.9	15.0〜15.9	15.0以下	15.0以下
63.0〜64.9	63.0〜64.9	63.0〜64.9	61.0〜62.9
20.0〜21.9	20.0〜21.9	22.0〜23.9	24.0以上
500〜599	500〜599	500〜599	600〜629

表2 結婚状態

	比較対象の4地域・都市	
1	16歳以上人口1000人のうちの既婚者	人
2	16歳以上人口1000人のうち事実婚の人数	人
3	16歳以上人口1000人のうち配偶者と死別	人
4	16歳以上人口1000人のうち配偶者と離婚	人
5	16歳以上人口1000人のうち未婚者	人

表3 教　育

	比較対象の4地域・都市	
1	15歳以上人口1000人のうち大学院を含む高等専門教育修了者	人
2	15歳以上人口1000人のうち不完全高等・中等・初等職業教育修了者	人
3	20歳以上人口1000人のうち学位所持者	人
4	0〜9歳幼児・児童のうち就学前・普通教育施設で学んだ割合	％

表4 民　族

	比較対象の4地域・都市	
1	ウクライナ民族が占める割合	％
2	外国人が占める割合	％

沿海地方	ハバロフスク地方	モスクワ市	サンクトペテルブルク市
570〜579	560以下	560〜569	560〜569
90〜109	90〜109	50未満	50〜69
100〜119	100〜119	100〜119	120〜129
100〜109	110以上	110以上	110以上
210〜229	230〜249	210〜229	230〜249

沿海地方	ハバロフスク地方	モスクワ市	サンクトペテルブルク市
220〜249	*220〜249*	**250以上**	**250以上**
420〜449	420〜449	350以下	420〜449
15〜19	15〜19	30以上	30以上
65.0〜69.9	65.0〜69.9	75.0以上	75.0以上

沿海地方	ハバロフスク地方	モスクワ市	サンクトペテルブルク市
2.00〜4.99	2.00〜4.99	0.80〜1.49	1.50〜1.99
0.70以上	0.50〜0.69	0.70以上	0.7以上

表5 収 入 源

比較対象の4地域・都市		
1	賃金（生産年齢人口の内）	%
2	年金受給者	%
3	障害者年金受給者	%
4	失業手当受領者	%
5	個人副業経営	%
6	預金・株の利潤・配当	%
7	賃貸料・特許権料・著作権料	%
8	賃金生活者	%
9	障害者年金を含む年金受領者	%
10	失業手当を含む手当受領者	%
11	16～29歳人口の内奨学金受領者	%
12	他人の扶養・援助・扶助	%

沿海地方	ハバロフスク地方	モスクワ市	サンクトペテルブルク市
75.00以上	75.00以上	75.00以上	75.00以上
20～24.99	25～29.99	20～24.99	25～29.99
3～3.99	3～3.99	3～3.99	5.00以上
1～1.99	2～4.99	0.5～0.99	0.50以下
5.00～9.99	5.00～9.99	5.00以下	5.00以下
0.7以上	0.25～0.39	0.7以上	0.7以上
0.1以下	0.1～0.19	0.4～0.99	1.0以上
35～44.99	35～44.99	55.00以上	55.00以上
20～24.99	20～24.99	10～19.99	25～26.99
2.5～2.99	3.00～3.49	2.00以下	2.00以下
1.00以下	1.50～1.99	**2.00～3.99**	**2.00～3.99**
25～27.99	25～27.99	25.00以下	25.00以下

表6　世帯数と世帯構成

	比較対象の4地域・都市	
1	一人世帯の割合	%
2	二人世帯の割合	%
3	3人世帯の割合	%
4	4人世帯の割合	%
5	5人以上世帯の割合	%
6	世帯の平均人数	%
7	1組の夫婦からなる世帯	%
8	2組の夫婦からなる世帯	%
9	3組以上の夫婦からなる世帯	%
10	世帯員が別の民族に属する世帯	%
11	子供がいない夫婦	%
12	18歳未満の子供を持つ夫婦	%
13	18歳未満の子供を1人持つ夫婦	%
14	18歳未満の子供を2人持つ夫婦	%
15	18歳未満の子供を3人以上持つ夫婦	%
16	18歳未満の子を持つ母子世帯の比率	%
17	18歳未満の子を一人持つ母子世帯の比率	%
18	18歳未満の子を二人持つ母子世帯の比率	%
19	18歳未満の子を三人持つ母子世帯の比率	%
20	18歳未満の子を持つ父子世帯の比率	%
21	18歳未満の子を一人持つ父子世帯の比率	%
22	18歳未満の子を二人持つ父子世帯の比率	%
23	18歳未満の子を三人持つ父子世帯の比率	%

沿海地方	ハバロフスク地方	モスクワ市	サンクトペテルブルク市
25～27.99	25～27.99	25～27.99	28～29.99
31.00以上	30～30.99	25～29.99	25～29.99
23～24.99	23～24.99	22～22.99	20～21.99
13.00以下	13～13.99	14～14.99	13.00以下
5.00～6.99	5.00～6.99	8～12.99	7.00～7.99
2.4～2.5	2.4～2.5	2.6～2.9	2.4～2.5
65～66.99	65～66.99	65.00以下	65.00以下
2.00以下	2.00以下	2.50～3.99	2.50～3.99
0.07以下	0.07以下	0.10～0.19	0.07～0.09
9～12.99	9～12.99	6.00～8.99	6.00～8.99
33.00以上	30～31.99	23～29.99	23～29.99
68～69.99	65～67.99	65.00以下	65.00以下
64～66.99	64～66.99	64～66.99	67.00以上
29～29.99	29.00以下	29.00以下	29.00以下
4.00～4.99	4.00～4.99	5.00～5.99	4.00以下
25～28.99	30～31.99	32.00以上	32.00以上
80～82.99	80～82.99	80～82.99	83.00以上
15～15.99	15～15.99	16～17.99	15.00以下
2～2.99	2～2.99	2～2.99	2.00以下
2～2.99	2～2.99	5.00以上	5.00以上
86～87.99	86～87.99	80～81.99	86～87.99
11～11.99	11～11.99	15～19.99	12～14.99
15～1.99	15～1.99	2～2.99	1.50以下

表7　経済活動中の人口

全　国		無活動	失業	就業中
男性	%	23.7	6.9	69.4
女性	%	36.8	5.3	57.9

比較対象の4地域・都市		
1	15～72歳年齢層で経済活動中の人口	%
2	15～72歳年齢層で経済活動中の男性	%
3	15～72歳年齢層で経済活動中の女性	%
4	15～72歳年齢層で就業中の人口	%
5	15～72歳年齢層で就業中の男性	%
6	15～72歳年齢層で就業中の女性	%
7	15～72歳年齢層で失業者人口	%
8	15～72歳年齢層で男性失業者	%
9	15～72歳年齢層で女性失業者	%

沿海地方	ハバロフスク地方	モスクワ市	サンクトペテルブルク市
68～71.99	68～71.99	76.00以上	76.00以上
76～79.99	76～79.99	80.00以上	80.00以上
60～62.99	63～65.99	66～69.00	**70.00以上**
60～64.99	65～69.99	**70.00以上**	**70.00以上**
70～74.99	70～74.99	67以上	67以上
45.00以下	45～56.99	61～66.99	67.00以上
5.50～6.99	5.50～6.99	4.50以下	4.50以下
6～6.99	6～6.99	6.00以下	6.00以下
5～5.99	5～5.99	4.00以下	4.00以下

表8　定住地に住み続ける住民の割合

定住地に住み続ける住民の割合（全国）				
19年以上	15〜19年	8〜15年	1〜8年	1年未満
53%	8%	15%	20%	4%

比較対象の4地域・都市		
1	生まれてからずっと住んでいる住民の割合	％
2	定住地に1年未満しか住んでいない住民の割合	％
3	20年以上ずっと住んでいる住民の割合	％

沿海地方	ハバロフスク 地方	モスクワ市	サンクトペテル ブルク市
40〜44.9	45〜49.9	50.0以上	50.0以上
4.0〜4.4	4.5〜5.9	3.0〜3.9	3.0〜3.9
55〜59.9	55〜59.9	45〜54.9	55〜59.9

表9 住民の住宅条件

	比較対象の4地域・都市	
1	一戸建て住宅の住民	%
2	アパートの1室に住む住民	%
3	共同住宅に住む住民	%
4	一戸建て住宅住民の1人あたり居住面積	㎡
5	アパート住民の1人あたり居住面積	㎡
6	共同住宅住民の1人あたり居住面積	㎡
7	固定電話の普及率	%
8	インターネットの普及率	%
9	すべての住宅設備がある部屋に住む世帯	%
10	電化設備の整った部屋に住む世帯	%
11	ガス・液化ガスの設備のある世帯	%
12	電気ストーブを設置している世帯	%
13	中央暖房又は戸建て住宅暖房設備のある住宅	%
14	戸建て又は共同住宅で水道設備のある世帯	%
15	集中的または個人的設備として熱湯または温水施設のある世帯	%
16	共同又は個人的設備として排水溝施設のある住宅	%
17	洗浄式又は他の型のトイレのある住居	%
18	浴室又はシャワールーム蒸し風呂又はサウナのある住宅	%
19	台所又は台所の一隅のある住居	%

沿海地方	ハバロフスク地方	モスクワ市	サンクトペテルブルク市
10〜15.99	10.00以下	10.00以下	10.00以下
83.00以上	83.00以上	83.00以上	83.00以上
0.50〜0.99	*0.50〜0.99*	**2.50以上**	**2.50以上**
20〜22	15〜19	23〜25	23〜25
14〜15	19〜20	14〜15	19〜20
10〜11	12〜13	12〜13	**16以上**
25〜45.99	46〜51.99	**52〜59.99**	**52〜59.99**
30〜35.99	30〜35.99	**43.00以上**	**43.00以上**
35〜39.99	25〜34.99	50.00以上	50.00以上
98〜98.99	*96.00以下*	96〜96.99	97〜97.99
20.00以下	45〜44.99	20〜44.99	**70〜85.99**
30〜54.99	5.00〜9.99	30〜54.99	10〜29.99
60〜75.99	76〜85.99	**86〜93.99**	**86〜93.99**
65〜79.99	65〜79.99	90.00以上	90.00以上
60〜64.99	65〜69.99	**80.00以上**	**80.00以上**
63〜69.99	63〜69.99	80.00以上	80.00以上
56.00〜64.99	**85.00以上**	**85.00以上**	**85.00以上**
70〜79.99	70〜79.99	90.00以上	90.00以上
95〜95.99	95〜95.99	95.00以下	95〜95.99

表10 出 生 率

比較対象の4地域・都市		
1	15歳以上の女性千人当り平均出生児数	人数
2	15歳以上既婚女性千人当り出生児数	人数
3	高等専門教育修了女性千人当り出生児数	人数
4	不完全高等教育以下の教育修了女性千人当り平均出生児数	人数
5	中普通教育以下の教育修了女性千人当り平均出生児数	人数
6	第一子出産時の女性の平均年齢	歳
7	18歳未満で第一子を出産した女性数	‰
8	18～19歳で第一子を出産した女性数	‰
9	20～～24歳で第一子を出産した女性数	‰
10	25～29歳で第一子を出産した女性数	‰
11	30～34歳で第一子を出産した女性数	‰
12	35～39歳で第一子を出産した女性数	‰
13	40歳以上で第一子を出産した女性数	‰

沿海地方	ハバロフスク地方	モスクワ市	サンクトペテルブルク市
1400〜1499	1400〜1499	1400以下	1400以下
1600〜1699	1600〜1699	1600以下	1600以下
1200〜1249	1200〜1249	1200以下	1200以下
1450〜1499	1400〜1449	1400以下	1400以下
1500〜1649	1500〜1649	1500以下	1500以下
22.8〜22.99	22.8〜22.99	23.50以上	23.50以上
50〜64	50〜64	35以下	35以下
180以上	160〜179	120以下	120以下
530〜549	530〜549	530以下	530以下
160〜179	160〜179	200以上	200以上
45〜49	45〜49	65以上	65以上
11〜12	11〜12	20以上	20以上
2.50〜2.99	2.50〜2.99	4.00以上	4.00以上

おわりに

　2020年4月29日に瑞宝中綬章を授章した。国立大阪教育大学に33年間在籍し、名誉教授の称号を贈られ、80歳まで長生きした賜物である。

　しかし、好運な人生はここまでだった。2022年3月28日に主治医から肝門部領域胆管癌の病名を告げられ、余命1～2年を宣告された。

　叙勲の頃からの2年間に約2キログラム体重が減っていたのに、他には自覚症状がないため病変に気づかなかった。

　生老病死の最終段階に達した事実を目前にして、3冊目の著書を世に遺す決意をした次第である。

　本書の出版にあたっては、金壽堂出版の吉村始氏に多大のお力添えを頂いた。同氏には拙著『ロシア社会論集』(2005年) および共著『海外日本人学校』(2017年) の出版に際してもお世話になり、今回が3度目のご尽力であり、深く御礼申し上げる。

　　　　　　　　　　2023年1月

　　　　　　　　　　　　澤田軍治郎

澤田 軍治郎 経歴

昭和15年3月4日	滋賀県高島市新旭町深溝1013番地に生まれる
昭和33年3月	滋賀県立高島高等学校卒業
昭和35年4月	大阪外国語大学ロシア語学科入学
昭和39年3月	大阪外国語大学ロシア語学科卒業
昭和39年4月	京都大学大学院文学研究科社会学専攻聴講生
昭和40年4月	京都大学大学院文学研究科社会学専攻入学
昭和42年3月	京都大学大学院文学研究科社会学専攻修了
昭和42年4月	高野山大学文学部専任講師
昭和46年4月	高野山大学文学部助教授
昭和47年4月	大阪教育大学専任講師
昭和62年4月	大阪教育大学教授
平成18年3月	大阪教育大学定年退職
平成19年4月	大阪総合保育大学教授
平成23年3月	大阪総合保育大学定年退職

著　者

澤田　軍治郎（さわだ　ぐんじろう）

大阪教育大学名誉教授
1940年　滋賀県高島市生まれ
1964年　大阪外国語大学ロシア語学科卒業
1967年　京都大学大学院文学研究科社会学専攻修了

著　書
2005年　『ロシア社会論集』 金壽堂出版
2017年　『海外日本人学校─教育環境の多様化と変容─』 金壽堂出版
　　　　（共著、代表編者）

ロシア極東ウラジオストック

発行日　　2023年3月4日

著　者　　澤田軍治郎

発行者　　吉 村　始

発行所　　金壽堂出版有限会社
　　　　　〒639-2101　奈良県葛城市疋田 379
　　　　　電話：0745-69-7590　ＦＡＸ：0745-69-7590
　　　　　メール（代表）：info@kinjudo.co.jp
　　　　　ホームページ：https://www.kinjudo.co.jp/

印刷・製本　　株式会社北斗プリント社